# 榆林石窟艺术

西北工业大学文化遗产研究院
榆 林 市 文 物 保 护 研 究 所　编著

文物出版社

图书在版编目（CIP）数据

榆林石窟艺术 / 西北工业大学文化遗产研究院，榆林市文物保护研究所编著. -- 北京 ：文物出版社，2024.4
ISBN 978-7-5010-8375-6

Ⅰ. ①榆… Ⅱ. ①西… ②榆… Ⅲ. ①石窟－研究－榆林 Ⅳ. ①K879.204

中国国家版本馆CIP数据核字(2024)第051190号

# 榆 林 石 窟 艺 术

编　　著：西北工业大学文化遗产研究院
　　　　　榆林市文物保护研究所

责任编辑：郑　彤

责任印制：张道奇

出版发行：文物出版社
社　　址：北京市东城区东直门内北小街2号楼
邮　　编：100007
网　　址：http://www.wenwu.com
经　　销：新华书店
印　　刷：豪彩印刷河北有限公司
开　　本：889mm×1194mm　1/16
印　　张：17.5
版　　次：2024年4月第1版
印　　次：2024年4月第1次印刷
书　　号：ISBN 978-7-5010-8375-6
定　　价：298.00元

## 编委会

主　任：高小峰

副主任：任　强　乔建军

委　员：马树梅　白　燕　窦新宇

主　编：乔建军

副主编：石建刚　徐海兵　庞和平

## 编写组成员

石建刚　徐海兵　薛思岚

闫宏东　雷庆庆　喻晓玉

摄　影：张永岗

绘　图：申宝发

# 凡 例

一、《榆林石窟艺术》的基本石窟和编号，参照《陕西石窟内容总录·榆林卷》。

二、《陕西石窟内容总录·榆林卷》主要是根据2012至2015年间我们的调查资料整理而成，并参考了之前的调查及研究成果。主要栏目有位置、时代、分布与环境、各窟龛情况（包括时代、相对位置、形制、内容及现状、建筑遗存、碑刻与题记、附属文物、备注等部分）。

三、《榆林石窟艺术》中的位置，是指该石窟寺所处的行政区划位置和地理位置。

四、《榆林石窟艺术》的基本体例如下。第一，时代是具体对某一窟（龛）开凿年代的记述。第二，形制是指该窟龛的形制，主要有平面形状、面宽、进深、高度的尺寸（以厘米为单位）、顶部形制、窟口等。第三，内容和现状是对洞窟造像、壁画等具体内容及其保存现状的记录，主要包括窟内和窟外两部分。以石窟主尊面向为准，按照后壁、右壁、左壁、前壁、顶部、地坪、坛基、立柱、窟口、甬道的顺序来记录。立柱四面记录顺序类似，以正面、右向面、后面、左向面为序。窟外则记录壁面所存龛像等。

# 目 录

# 第一章 绪论

榆林石窟是以现代行政区划命名的，即榆林市境内的历代石窟。榆林市包括1市2区9县，即神木市、榆阳区、横山区、府谷县、定边县、靖边县、佳县、米脂县、吴堡县、绥德县、子洲县、清涧县等。2012～2015年，陕西省文物局组织开展陕北石窟专项调查。2020年，榆林市开展全国石窟寺专项调查。据统计，在榆林境内共发现历代石窟350处，900余窟龛，有造像17000余尊（包括圆雕和高浮雕）、泥塑上百尊、壁画约3000平方米、藻井约150方、各类题记近500方、碑刻近200通，另有大量的浮雕造像、佛塔、经幢、造像塔及残件、造像碑、铁钟、香炉、醮盆、匾额、磬等文物（图1）。

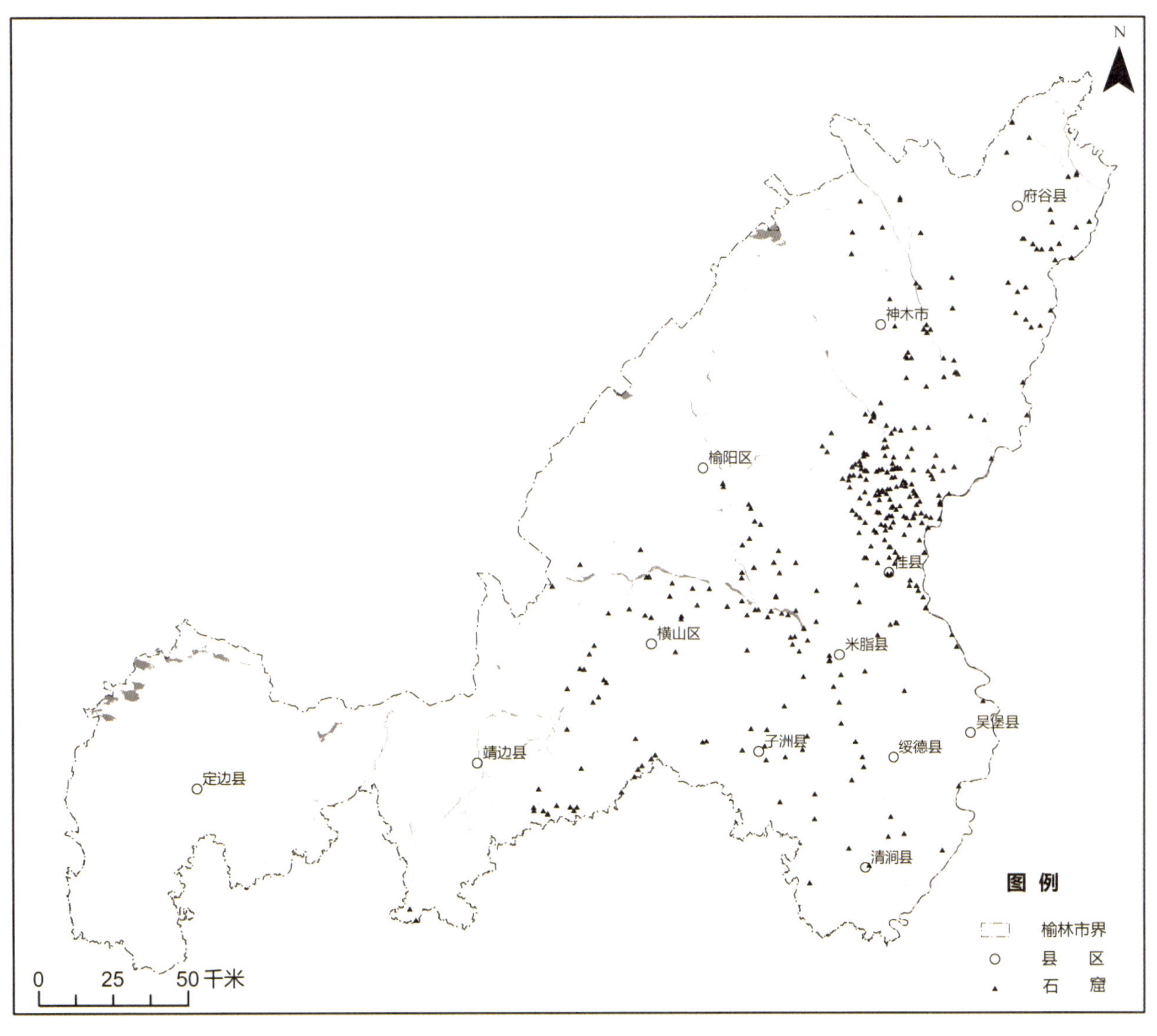


图1 榆林市石窟分布示意图

## 一、榆林石窟的自然和人文环境

榆林市位于陕西省的最北部，地处陕、甘、宁、内蒙古、晋五省（区）接壤地带，东经107° 28′ −111° 15′，北纬36° 57′ −39° 34′。北连内蒙古鄂尔多斯市，南临延安市，东隔黄河与山西相望，西接宁夏、甘肃。黄河沿东界南下，涉境270多公里，明长城东西横贯700多公里。榆林属于华北地台的鄂尔多斯台向斜，在陕北台凹的中北部，地貌分为风沙草滩区、黄土丘陵沟壑区、梁状低山丘陵区三大类。榆林北部是毛乌素沙漠南缘，为风沙草滩区；南部是黄土高原腹地，沟壑纵横，丘陵峁梁交错；梁状低山丘陵区主要分布在西南部白于山区一带，是无定河、大理河、延河、洛河的发源地。榆林境内有大小53条河流汇入黄河，其中最重要的是无定河、秃尾河、窟野河、佳芦河以及榆溪河。

榆林地区有着悠久的历史。根据考古资料，从仰韶文化到夏商周时期，榆林一带是我国北方地区的文化中心之一。秦汉时期，榆林一带是中原王朝和北方游牧民族的分界地，也是双方的必争之地。汉末以来，榆林一带逐渐脱离了中原汉族王朝的控制，先后为后赵、前秦、大夏、北魏、西魏、北周所辖，匈奴、鲜卑、羯、氐、柔然、卢水胡等民族政权相互混战，北方各族民众被大量迁入或者迁出榆林一带。榆林成了民族融合的大熔炉，汉化和胡化在此同时发生，游牧与农耕两种文化并行。正是在这一时期，佛家在榆林开始开窟造像。

隋唐时期，榆林一带处于隋唐政权与北方突厥的交界地带，这里既是双方的主战场，又是安置被俘和南迁突厥人的主要场所。总体而言，这一时期的榆林是比较安定的，人口也有了较多的增长。唐末五代以来，党项人逐渐迁入榆林一带，党项人经过不断扩张，最终建立西夏王朝，成为陕北高原北部的实际统治者。宋夏辽金元时期，榆林恰好处于各个政权的交接地带，这里也成了多方政权对峙和交战的主战场，以长达百年的宋夏战争为主，夹杂着宋夏辽金元相互之间的各种冲突。

图2 神木虎头峁伏智寺石窟

明朝建立后，榆林又成了防御和抗击蒙古势力南下的前沿阵地，明朝在榆林修筑了著名的边墙。出于军事需要，大量的人力、物力和财力不断运送而来，军屯、民屯和商屯并举，榆林再现繁荣。正是在此背景下，榆林进入开窟造像的鼎盛时期。清朝到民国时期，榆林失去了作为边防要塞的军事战略地位，加之长期的灾荒和战乱，使得榆林再次走向衰落。

多民族交融、多元文化、长期战争构成榆林历史的三大特征，这样的自然和人文环境孕育了榆林的宗教和石窟寺，也决定了榆林石窟的选址、规模、分布状况、文化特征和艺术特色（图2、图3）。

图3 神木滴翠山（又名“叠翠山”）石窟

## 二、榆林石窟的分布及其特点

根据2020年榆林市开展全国石窟寺专项调查，榆林共发现历代石窟350处，其中神木市79处、榆阳区58处、横山区45处、府谷县29处、靖边县14处、佳县82处、米脂县13处、吴堡县1处、绥德县9处、子洲县13处、清涧县7处，定边县境内尚未发现。纵观榆林石窟的分布情况，呈现出以下几个显著特征。

第一，就地域而言，东部、南部地区石窟分布较集中，西部、北部地区较少。这主要是受到自然环境和地理条件的影响。榆林地区地处黄土高原北缘，其西部及西北部与鄂尔多斯高原的毛乌素沙漠相连，属于沙地丘陵地带，不适宜人类生产生活，所以开窟较少。而榆林的南部、东部和东北部皆为黄土山地，人类活动频繁，广泛分布着利于开凿石窟的山崖，所以开窟较多。

第二，石窟多沿河流分布，呈线性分布。榆林是黄土高原与毛乌素沙漠的接壤地带，属于半干旱地区，河流在当地的生产生活中扮演着至关重要的角色。榆林石窟的分布也不例外，具有沿河流分布的特点，大多集中于境内的无定河、秃尾河、窟野河等河流及其支流。

第三，长城是石窟分布的分水岭，历代石窟基本分布在长城以内。榆林是北方游牧文化与中原农耕文化的接壤地带，也是历朝历代的边防重地。榆林境内先后修筑了战国秦长城、隋长城、明长城，其中明长城和战国秦长城分布比较明确。历代长城恰恰成了自然与文化的分水岭，同时也是石窟开凿的分水岭，从对历代石窟的调查来看，绝大多数分布于长城以内，仅明清时期有个别石窟位于明长城以外，但均距长城不远。

第四，石窟沿古交通线分布。榆林是北方军事要地。北连内蒙古，南接延安，直通关中平原，既是关中平原北方的防御之地，也是南北重要的交通线。同时，榆林西通河西，东与山西隔河相望，是东西交通枢纽。以唐代为例，榆林境内的南北向古道主要有两条：一条是从关中经延州、延川到绥州，再经开光城、银州、麟州、连谷到达胜州；另一条是从延安沿延河西北，过塞门镇到芦子关，然后折向宁朔，到达夏州。东西向最为重要的古道，是从夏州沿无定河顺流而下，到达银州。靖边县南部和横山区南部、西部的石窟，主要分布于延州—夏州线；横山区北部和榆阳区南部的石窟，主要分布于夏州—银州线；绥德县、清涧县、米脂县、佳县、神木市、府谷县等地的石窟，主要沿着延州—绥州—银州—麟州线分布（图4～图6）。

图4　米脂县王沙沟石窟

图5 米脂县木头则石窟

图6 靖边县清凉寺石窟

## 三、榆林石窟的时代及其特征

榆林石窟肇始于北魏，之后历代均有不同程度的开凿，以明代最为兴盛，清代及民国时期逐渐走向衰落。榆林石窟具有明显的时代性和地域性，我们将以时代为序，对不同时期的榆林石窟进行简单的介绍和分析。

受自然风化和人为破坏，榆林境内保存下来的北朝石窟数量较少，现仅有7处石窟和1方造像碑，分别是横山区接引寺石窟、靖边县鱼头寺石窟、横山区高川石窟、神木市虎头峁石窟、府谷县武家畔石窟、米脂县木头则石窟、横山区红门寺石窟，另有米脂县墩山石窟所藏之造像碑。这一时期既有像接引寺摩崖造像那样规模宏大的摩崖造像，也有中小型的开窟。洞窟形制以中心柱窟和方形小窟为主。造像题材相对较少，组合形式也较为简单，主要有释迦佛、释迦多宝二佛并坐、弥勒、三佛、一佛二弟子、一佛二弟子二菩萨、单尊菩萨像等。

北朝的石窟造像特征明显。目前发现时代最早的是接引寺摩崖造像，据靳之林、李凇等先生调查，该像头戴高冠，面相方圆，高鼻深目，宝缯垂肩，左臂屈于腹部，舒指向下，右手下垂抚膝，为菩萨立像，属于云冈二期或稍早时期[1]。鱼头寺石窟、高川石窟的造像是典型的秀骨清像，尤其是那近乎斜直的削肩，具有明显的北魏末至西魏时期的时代特征。虎头峁石窟、武家畔石窟、木头则石窟及墩山石窟造像碑等均属北周时期，造像体态丰腴粗壮，袈裟宽厚有质感。

隋唐石窟现存11处，分别是佳县的玉泉寺石窟、五龙寺石窟，榆阳区的宝泉峰塔石龛、金佛寺石窟、三角城石窟、杨会塌村石窟，横山区的石寺洼石窟，米脂县的安寨石窟，神木市的高崖畔石窟、石窨壕石窟、麟州故城石窟。

玉泉寺石窟的第1窟是榆林唯一的一个隋代石窟。窟内造像破坏严重，前壁窟口两侧的二菩萨、二天王立像，窟口上方的一龛涅槃造像以及窟外的二力士、二狮子均为隋代作品。造像头部偏大，体态丰肥，饱满壮硕，衣着华丽，雕刻精美，具有明显的时代特征，它们也是榆林石窟造像中的代表作。

榆林的唐代石窟均为小型窟（龛），开窟规模较小。就窟形而言，以方形小窟（龛）为主，个别窟（龛）在后、左、右壁前方设低台。就造像题材而言，均为一佛二弟子、一佛二菩萨、一佛二弟子二菩萨二天王、三佛造像等常见内容。这一时期的佛像面相饱满，肉髻较隋代为高，神采庄重而又不失慈祥，身体比例较匀称，体态丰腴，多着方领下垂式袈裟。石寺洼石窟的菩萨像多束高髻，发型优美，五官姣好，袒露上身，束腰，重心向一侧扭曲，体态优美，帔帛也有动感。力士像多为头梳高发髻，面相威猛，上身赤裸，肌肉发达，飘带飞扬，下身着短裙。总体而言，榆林唐代造像既具有唐代造像的共同特点，也带有一些地方性元素。

榆林现存的北宋石窟只有佳县云岩寺第3窟、横山区红门寺石窟第4、5、6窟、靖边县鱼头寺第1窟等。榆林北宋石窟以小型、中型窟为主，造像题材主要有三佛、释迦佛、十六罗汉、骑狮文殊与乘象普贤、自在坐观音等，均为这一时期陕北地区的常见题材（图7）。

从题材和造像风格等方面来看，红门寺石窟第4、第5、第6窟的时代相对较早，约为北宋早中期。造像题材既有来自榆林地区北朝至隋唐造像中的二佛并坐、涅槃像等，也有这一时期新出现的十六罗汉。鱼头寺石窟第1窟大约开凿于北宋晚期，该窟与榆林南部的横山区，延安北部的安塞

[1]靳之林：《陕北发现一批北朝石窟和摩崖造像》，《文物》1989年第4期，第60页；李凇：《陕西古代佛教美术》，陕西人民教育出版社，2000年，第10页。

图7 榆阳区龙眼寺石窟

县、志丹县的宋金石窟属于同一系统，在洞窟形制、造像题材和风格上有许多相似之处，而与榆林北部的佳县云岩寺石窟第3窟、龙泉寺石窟第4窟等宋金石窟差异较大。佳县云岩寺石窟第3窟保存最好，且有明确纪年，开凿于北宋宣和四年（1122年）。该窟由前廊和后室组成，后室为后壁设坛窟，造像题材有一佛（释迦佛）二弟子、骑狮文殊和乘象普贤、十六罗汉、自在坐观音、僧伽、大肚弥勒等。就洞窟形制和造像题材而言，该窟受到延安宋代石窟的影响较大，但在局部细节上又有一些差异。其造像风格与延安宋代造像差异较大，略显笨拙，衣饰繁复厚重。

榆林的金代石窟只有佳县龙泉寺石窟第4窟一例，现仅存一佛二弟子二菩萨浮雕像和三方题记。根据题记，该窟开凿于阜昌丙辰岁（1136年，“阜昌”是伪齐政权刘豫的年号）。该窟坍塌严重，原形制不明。继承了北宋造像艺术风格，差异较小，极难分辨。但也有一些细微变化，佛、菩萨不似北宋那样清高淡雅，更显端庄健硕，带有金人的自信豪迈。例如两尊菩萨像，不似宋代菩萨那样妖娆，体态更加丰盈，站立也较为笔直。

榆林的元代石窟同样只有一例，即神木市龙兴寺石窟第1窟，可惜该窟造像无存，仅留下一方题记。

明代是榆林石窟发展的顶峰时期，开窟非常普遍，目前保存下来的约有300处，每处石窟群少则一二窟，多则数十窟，无论是规模还是数量都是惊人的。榆林明代石窟大致可以分为三个阶段：成化之前为早期，成化到万历时期为中期，万历以后为晚期（图8）。

明代早期，榆林开窟数量依旧较少，且多为中小型洞窟。以后壁设坛窟为常见窟形，另有少数

图8 神木市高家堡万佛洞石窟

为三壁设坛或四壁设坛窟。明代中期，榆林的石窟开凿呈现井喷式发展，无论开窟数量还是规模均是前所未有。洞窟形制以三壁设坛窟和四壁设坛窟为主，出现了不少大型和超大型洞窟。这一时期多在正壁坛基前设石供桌，供桌及坛基正面大多浮雕花卉和祥禽瑞兽图案，呈棋格状排列。窟顶多有较大的圆形八卦藻井和平棋图案，以花卉和祥禽瑞兽为主要题材。明代晚期，开窟数量逐渐减少，窟室空间也趋于缩小，大型洞窟消失。洞窟形制上，以三壁设坛、后壁设坛窟为主，四壁设坛窟几乎消失，同时出现了个别类似于窑洞的拱券顶洞窟。窟内石供桌及坛基正面的浮雕逐渐简化，窟顶的藻井越来越简单甚至消失。

明代石窟的窟内造像多为可移动的圆雕像，四壁和窟顶多为浮雕或者彩绘。造像和壁画题材更加丰富，除了继承唐宋以来的佛教题材，还大量出现了道教和民间信仰的内容，呈现三教融合的特点。

到了清代，榆林地区开窟较少，以对早期洞窟的重修为主。明代多为石质圆雕造像，清代则以泥塑为主；明代洞窟四壁、窟顶及坛基正面多有各类浮雕图案，清代则以绘画代替，浮雕内容极少。这种变化在很大程度上与当地经济的衰退有关。同时，清代榆林石窟的一大特色就是出现了藏传佛教洞窟，目前共发现4处，分布于府谷县、神木市境内，崖壁上刻有梵文、藏文、蒙古文等文字的六字真言以及咒语。可惜这些洞窟均保存较差，造像壁画残毁极为严重（图9）。民国时期的榆林石窟，延续了清代的特点，没有太大发展。

图9　府谷县石窑沟石窟

## 四、榆林石窟的价值

榆林石窟及相关文物不仅数量大，而且相互关联，形成体系，其价值主要体现在以下几个方面。

第一，研究价值。榆林石窟是我国中原北方地区石窟寺陕西区的一部分，它恰好处在平城、凉州、长安等佛教中心之间，具有相互沟通的重要作用，所以，榆林石窟是我国北方石窟研究中不可或缺的一环，为佛教史和石窟寺研究提供了重要的实物资料。

第二，艺术价值。榆林石窟有大量的石雕造像、泥塑造像、壁画以及佛塔、造像碑、经幢等，其本身就是一件件珍贵的艺术品。这些艺术品数量大，体系完整，大多刻有明确的纪年，可以弥补、完善我国的雕塑史和绘画史。

第三，文献价值。榆林石窟保存了大量的碑刻题记，其文献价值是显而易见的。大量的造像和壁画及其他附属文物同样具有文献价值，甚至比文献更加鲜活、生动。这些文献大多来自于社会下层，既能揭示传世文献所缺失的内容，又能与传世文献互证。

当然，榆林石窟的价值远远不止于以上所述，其在建筑史、社会生活史、战争史、思想史、科技史等历史文化和艺术方面都具有极高的价值。

# 第二章　北朝至隋唐时期的石窟艺术

佛教传入榆林地区的时间较早，据窦新宇研究，至迟在汉宣帝神爵年间（前61～前58年），榆林地区已经设立了龟兹属国，用于安置龟兹移民。此前佛教已经传入位于西域的龟兹境内，并且被广泛信仰，佛教文化或者佛教信仰随着龟兹属国的设立以及龟兹人的迁入而传到陕北地区。但因属国制度的存在，龟兹人聚居于属国之内，同陕北地区民众之间并无广泛的文化交流，而且龟兹人所带来的佛教信仰很可能以普通民间信仰的形式存在，并未在学术上产生深刻影响[2]。另外，长安一直以来是北方佛教的重镇，至迟在东汉时期佛教已经传到长安。陕北与长安联系密切，长安佛教影响到这里也在情理之中。

大夏国时期，赫连勃勃镇压佛教，这也从侧面说明，大夏国可能已经存在佛教。据《魏书·世祖纪上》，始光三年（426年）十一月，北魏从大夏统万城向平城迁徙民众一万余家。次年六月，北魏征服了大夏国，虏赫连昌"君弟及其诸母、姊妹、妻妾、宫人万数……秦雍人士数千人"。这些被迁徙的民众当中或许有佛教信徒。从种种迹象来看，榆林地区可能是佛教较早传入我国的地区之一。

## 一、北朝石窟

在榆林境内发现的早期佛教遗存极为有限，尚不能确定佛教传入的具体时间。但可以肯定的是，至迟在北魏时期，榆林境内已经有相当规模的开窟造像活动。目前发现最早的横山接引寺摩崖造像，相当于云冈二期或稍早时期，应是受到云冈模式回流的影响。受自然风化和人为破坏，榆林境内保存下来的北朝石窟数量较少，现仅存7处石窟，分别是横山接引寺石窟、靖边鱼头寺石窟、横山高川石窟、神木虎头峁石窟、府谷武家畔石窟、米脂木头则石窟、横山红门寺石窟。

时代最早者当属接引寺石窟，位于横山区波罗镇的波罗城东崖，毗邻无定河，北距秦长城仅2.5公里。该处石窟由摩崖造像和开窟两部分组成。接引寺石窟的摩崖造像风化严重，仅见人形轮廓，为跣足立像，通高6.9米。据靳之林、李凇等先生调查，该像头戴高冠，面方圆，高鼻深目，宝缯垂肩，左臂屈于腹部，舒指向下，右手下垂抚膝，为菩萨立像，属于云冈二期或稍早时期[3]。可见这尊菩萨造像是目前榆林市境内发现的时代最早、形体最大的石雕造像。接引寺石窟还有开窟，习称睡佛洞，共有6窟。其中左侧3窟被毁，仅存痕迹；右侧3窟风化严重，造像无存。洞窟上方有一座明代砖塔，还有大量建筑遗迹，原应有寺院。洞窟前约5米就是明代波罗堡的城墙。洞窟风化严重，具体年代无法确定。

我们认为，接引寺石窟的开凿时代早于波罗堡。一方面，洞窟所在位置较低，波罗堡建于洞窟所在岩石上方的台地上，而且波罗堡的城墙修建于窟前约5米处，这使得洞窟成了波罗堡内极为低洼的地方，窟前面积狭小。佛教石窟作为一种宗教信仰场所，在信众心目中具有极高的地位，建造在这样一个低洼局促的地方明显是有违常理。另一方面，从第1窟的形制来看，该窟极有可能是早期流

[2]窦新宇：《两汉上郡龟兹属国与陕北地区佛教早期传播》，《榆林学院学报》2015年第3期，第69～72页。

[3]靳之林：《陕北发现一批北朝石窟和摩崖造像》，《文物》1989年第4期，第60页；李凇：《陕西古代佛教美术》，陕西人民教育出版社，2000年，第10页。

行的中心柱窟。该窟分为前后室，前室的中央有中心柱，中心柱中部偏下位置突出，略呈圆形。突出部分以上为规整的四面形，四面均有清晰的凿痕。突出部分及其以下部位均风化严重。前室四壁风化严重，后壁左右两侧各开一个圆拱形小洞通向后室。在后室，后壁前设方形坛基，前壁中部以上凿有踏步，窟顶前部凿洞，沿踏步而上，经凿洞可通向窟上的建筑。前室中央设中心柱，后室后壁设坛，这样的洞窟形制颇为奇怪，而且后室前部有通向窟上建筑内的踏步和洞口，因此我们认为，该窟后室极有可能是后代开凿，具有某种特殊用途。前室为中心柱窟，中心柱下部原或为方形，因地势低洼导致雨水倒灌，使得最下部风化内凹，形成现在的不规则形状。而中心柱上部的凿痕较为明显，和窟内四壁的风化情况完全不同，应为后代重修而成。

通过以上分析我们基本可以肯定，接引寺石窟第1窟原应是比较规整的中心柱窟，而中心柱窟流行于北朝到隋这一时期，唐宋以后极为少见。有学者可能会怀疑，采用中心柱的形制与岩体石质有关，其实不然，陕北地区绝大部分洞窟均开凿于砂岩上，而可以确定的唐宋以后开凿的中心柱窟仅有一例，那就是延安富县柳园石窟，时代为北宋。所以，接引寺石窟的开窟时代应早于波罗堡的修建。

接引寺石窟在明代有过一次规模较大的重修，洞窟上方的砖塔和寺院的修建以及第1窟后室的开凿，均是在这次重修过程中完成的。而这次重修应与明代波罗堡的修建存在密切关系，摩崖菩萨像左侧下方镌刻的“明庚戌春三月朔波罗副将宛平金国泰游接引寺重修题记”[4]就说明了这一问题。在第2窟、第3窟内，有不少用于固定泥塑像的柱洞，应是明清重修时留下的，但具体时间不能确定。

鱼头寺石窟和高川石窟的开凿年代略晚于接引寺摩崖造像。靖边县鱼头寺石窟第3窟是一个中心柱窟，洞窟在明代有过一次较大规模的重修，但原貌尚存。中心柱的正面经明代重凿，原貌不详，现为1尊明代坐佛。中心柱的左右两侧下部、后面上下部各开1龛，4龛均为拱形，龛内均高浮雕一佛二弟子组合（中心柱左、右柱面龛内现均仅存1佛1弟子像）。洞窟前壁窟口左右两侧壁面上下各开1龛，4龛亦均为拱形龛，龛内均高浮雕1尊佛像。此8龛造像风格一致，为典型的秀骨清像。佛像的头部均残失后补，削肩，近乎斜直，着褒衣博带式袈裟，双领下垂呈V形，袖手，结跏趺坐。弟子像的头部均是残失后补，着交领长袍，领呈V形，双手置于腹前，站立状。该窟与延安安塞的云岩寺（原名“云山品寺”）石窟第6窟有许多相似之处。就形制而言，均为中心柱窟；就造像风格而言，均为典型的秀骨清像；就地理位置而言，北魏时期均属夏州管辖，相距不远，且均处于通往甘肃和山西的古道附近。所以，二窟的时代接近。

我们认为，鱼头寺第3窟的时代可能略晚于云岩寺第6窟。首先，鱼头寺第3窟的中心柱为简练的方形柱，不像云岩寺第6窟佛塔形中心柱那么精致、繁复，是中心柱逐渐走向简化的表现。其次，从造像风格来看，鱼头寺第3窟造像虽然保留削肩的典型特征，但佛像已显示出壮硕的特点，趋于稍晚时期造像的特征。据靳之林和冉万里考证，云岩寺第6窟属于云冈三期[5]，因此，鱼头寺第3窟应开凿于云冈三期或稍晚时候。

横山区的高川石窟一共有3窟2龛，其中第1窟及相邻的两龛造像均为早期开凿，其余两窟为明清时期开凿。第1窟内有高浮雕一佛二胁侍三尊像，风化严重，具体形象不可辨识。两龛内均高浮雕一佛二菩萨组合，造像虽然风化严重，但明显具有北魏晚期到西魏时期的秀骨清像特点。

虎头峁石窟、武家畔石窟和木头则石窟的开凿则要晚至北周前后。

神木市虎头峁石窟共有4窟2龛，其中4窟均为明代开凿，2龛为北周时期作品。2龛均为方形小

[4]该题记现已无存。靳之林：《陕北发现一批北朝石窟和摩崖造像》，《文物》1989年第4期，第60页。

[5]靳之林：《陕北发现一批北朝石窟和摩崖造像》，《文物》1989年第4期，第60～61页；冉万里：《陕西安塞云山品寺石窟调查报告》，《考古与文物》2005年第4期，第31～40页。

龛。其中第1龛内高浮雕一佛二弟子二菩萨以及二狮子组合；第2龛分为上下两部分，上层浮雕倚坐弥勒佛及二弟子，下层浮雕释迦多宝佛并坐以及二弟子像。这种释迦多宝与弥勒佛或菩萨的三角式组合形式，常见于北朝时期石窟造像及造像碑，这说明，在榆林，北朝时期法华思想同样兴盛。府谷县武家畔石窟共有3窟，其中第3窟大约开凿于北周时期，这是一个方形小窟，平顶。造像为三佛，每尊佛像两侧共侍立4尊菩萨。米脂县木头则石窟亦有3窟，第1窟残损严重。第2窟和第3窟均以三佛为主要题材，均为方形小窟，第2窟有人字坡顶。

横山区红门寺石窟第7窟是一座典型的中心柱窟，窟内造像风化严重，仅见中心柱四面开龛造像，造像仅存轮廓，大致可以确定为北朝时期洞窟。

榆林地区的山石以极为疏松的砂岩为主，故而保存至今的北朝石窟造像极少，而且风化严重。但从目前所能确定的这些北朝石窟来看，这一时期，榆林地区的佛教已经有了相当规模的发展，接引寺摩崖造像就是很好的例证。

从历史上看，榆林地理位置重要，是北方地区交通线上的一个十字路口。东连平城，西通凉州、西域诸国，南接两京，北达大漠。既具有军事、政治战略地位，也是包括佛教在内的文化传播通道，所以，榆林在早期佛教传播史上具有非常重要的地位。从平城向西的交通路线有三条，其中最重要的一条路线是经盛乐之南，在君子津渡黄河，由鄂尔多斯沙漠东南，经安定、平凉、上邽、兰州到姑藏、河西走廊，通往西域。另外还有经统万镇、薄骨律镇，到姑藏的路线；从盛乐到武川镇，由沃野镇向西走居延海的路线。北魏太武帝攻打大夏和北凉时，主要往来于第一条路线。北方统一后，这条路线又成了西域诸国朝贡的路线和对北方柔然实施进攻、防守的重要交通线。我们可以看出，上述三条西向交通线中，前两条都应该是经过榆林境内。榆林早期石窟的分布给我们勾勒出这些线路在榆林境内的具体走向，这为我们探讨该地区的古代交通路线以及佛教传播情况提供了重要的实物资料。

## 二、隋唐石窟

榆林境内保存下来的隋唐石窟共11处，分别是佳县的玉泉寺石窟、五龙寺石窟，榆阳区的宝泉峰塔石龛、金佛寺石窟、三角城石窟、杨会塌石窟，横山区的石寺洼石窟，米脂县的安寨石窟，神木市的高崖畔石窟、石窨壕石窟、麟州故城石窟。

玉泉寺石窟第1窟是榆林唯一一处有明确题记、开凿于隋代的石窟，由主室和右侧室组成。主室为方形，宽456、高241、深567厘米，侧室宽181、高234、深144厘米，侧室后壁设坛，这是榆林明代以前石窟中规模较大的一座。窟内造像破坏严重，仅前壁及窟外造像保存完好，均为隋代作品。

玉泉寺石窟第1窟前壁窟口上方浮雕一铺释迦涅槃像，为帐形龛，娑罗双树下，释迦右胁而卧，着袒右袈裟，右手高高支起，左手自然伸展放置于体侧，露双足。佛祖脚前跪有扶佛足的大弟子迦叶，迦叶左侧浮雕1尊跏趺坐佛。佛头一侧跪有阿难，张口作号哭状，阿难右侧坐有佛母摩耶夫人。尸床后面有五位弟子，皆作悲啼号哭状。这是榆林境内所见最早的涅槃造像。

玉泉寺石窟第1窟前壁窟口两侧分别高浮雕二天王二菩萨像，窟口前浮雕二狮子，窟外两侧浮雕二力士，造像精美，乃是榆林历代造像中的精品。菩萨像发髻高大，面相丰满偏方，五官略显紧促，大耳，嘴角微微上翘，上身着帔帛，饰串珠，下身着裙，露双足，双手合十或者托供物，站立在方形台上，身体笔直。造像头部偏大，体态饱满壮硕，把隋代菩萨的端庄秀丽表现得淋漓尽致。二天王同样束高发髻，上身赤裸，一手叉腰，一手持兵器，脚踩小鬼，天王身体略低于菩萨，面相较为温和。窟外的两尊力士像则显得身体健硕，孔武有力。窟外上方有一方摩崖题刻，为开窟题记。从题记“□心供养三世佛时”之语句看，该窟的主尊造像应是三世佛。显然，这一题材是对北朝三佛的继承和延续。

从玉泉寺第1窟题记中的“白陀罗”“白火药”来看，功德主应该是活动于当地的少数民族。吴洪琳指出，“此时期活动在陕北地区的稽胡主要姓氏有刘、郝、白、乔”[6]。也有学者认为，陕北地区的白氏为龟兹人后裔[7]。西汉时就有龟兹胡人入居榆林地区，据《汉书·地理志》载，汉于上郡置龟兹县，以安置龟兹国人来附。《后汉书》卷六十五《皇甫张段列传》中，“龟兹”下注曰：“县名，属上郡。前书音义曰‘龟兹国人来降之，因以名县’也。”[8]龟兹人初徙上郡，后渡黄河而东，便是河西郡稽胡和山胡的白氏，上郡白氏在北周时有白郁久同，唐高宗时有白铁余。我们倾向于白氏为龟兹后裔之说，这些白氏后裔很可能是龟兹属国人的后代，长期散居于陕北一带，势力逐渐壮大，而且一直保持着信奉佛教的传统。

在榆林，唐代开窟造像有玉泉寺石窟第1龛、麟州故城石窟、高崖畔石窟、石窨壕石窟、金佛寺石窟第1窟、杨会塌石窟第3窟、三角城石窟（第1窟、第2窟、第3窟）、宝泉峰塔石窟、安寨石窟（第1窟第1龛）、五龙寺石窟、武家畔石窟（第1窟、第2窟）等11处15个窟（龛）。唐代开窟规模较小，均为小型窟（龛）。窟形以方形小窟（龛）为主，个别窟（龛）在后壁、左壁、右壁前设有低台。就造像题材而言，均为一佛二弟子、一佛二菩萨、一佛二弟子二菩萨二天王、三佛造像等常见造像组合。窟龛造像多保存较差，其中以玉泉寺1号龛、石寺洼石窟、五龙寺石窟保存相对较好。

榆林地区的唐代造像，佛像面相饱满，肉髻较隋代为高，神态稳重而又不失慈祥，身体比例较匀称，结构合理，体态丰腴。多着方领下垂式袈裟，衣料质感柔和轻薄。台座多为束腰式。菩萨像多束高髻，发型优美，五官姣好，袒露上身，束腰，重心向一侧扭曲，体态优美，帔帛也有动感。力士像头梳高发髻，面相威猛，上身赤裸，肌肉发达，飘带飞扬，下身着短裙。总体而言，这批造像具有唐代造像的共同特点，同时也带有地方性元素。

值得一提的是，在米脂县墩山石窟发现了一通唐代的造像碑，这是榆林境内发现的唯一的一通佛教造像碑。有意思的是，该造像碑被安置在石窟中央。在洞窟中央，用于安置造像碑的槽子凿痕较清晰，与洞窟四壁及窟顶的风化程度完全不同，据此我们认为，造像碑与石窟并非一体，二者的开凿时间不同，造像碑应是后期安置到石窟内的。可惜石窟风化严重，具体时代无法判断。

榆林境内的北朝至隋唐时期南北向的重要古道有两条，一条是从关中经延州、延川到绥州，再经开光城、银州、麟州、连谷到达胜州；另一条是从延安沿延河西北行过塞门镇到芦子关，然后折向宁朔，到达夏州。东西向最重要的交通线是从夏州沿无定河顺流而下到达银州的古道。靖边南部和横山南部、西部的石窟主要分布在延州—夏州一线。横山北部和榆阳区南部的石窟主要分布在夏州—银州一线；绥德、清涧、米脂、佳县、神木、府谷等地的石窟主要沿延州—绥州—银州—麟州一线分布。榆林隋唐石窟均分布在这些交通古道沿线和故城附近。例如，麟州故城石窟位于麟州故城遗址南缘的崖体上，宝泉峰塔石窟、杨会塌石窟、三角城石窟、金佛寺石窟均位于开光城附近或者通向开光城的交通线上。这为我们研究城址、交通线、佛教石窟寺的分布及相互关系等提供了新的资料。

下面介绍具体石窟。

---

[6]吴洪琳：《十六国北朝时期统万城附近活动的民族》，侯甬坚等编《统万城建城一千六百年国际学术研讨会文集》，陕西师范大学出版社，2015年，第264页。

[7]姚薇元：《北朝胡姓考》，周伟洲《吐谷浑史》，广西师范大学出版社，第155页。

[8]《后汉书》卷六十五《皇甫张段列传》，中华书局，1965年，第3138页。

## 1.接引寺石窟

北魏。在横山区波罗镇波罗古堡内东侧的崖体上，北临无定河。摩崖造像整体风化严重。头部基本已风化，凹凸不平，高鼻梁，可见双鼻孔，双耳几不可辨，面部其他细节已无法判断。上半身风化严重，右臂自然下垂，用沙灰和泥皮修补站立双腿。跣足，双足长66～88、宽45～48、高18～20厘米，足背略有风化，十趾清晰，足趾长17～29厘米，足下踩新修仰莲台。造像通高690、像高647、像宽200厘米（图10、图11）。

图10　接引寺摩崖造像

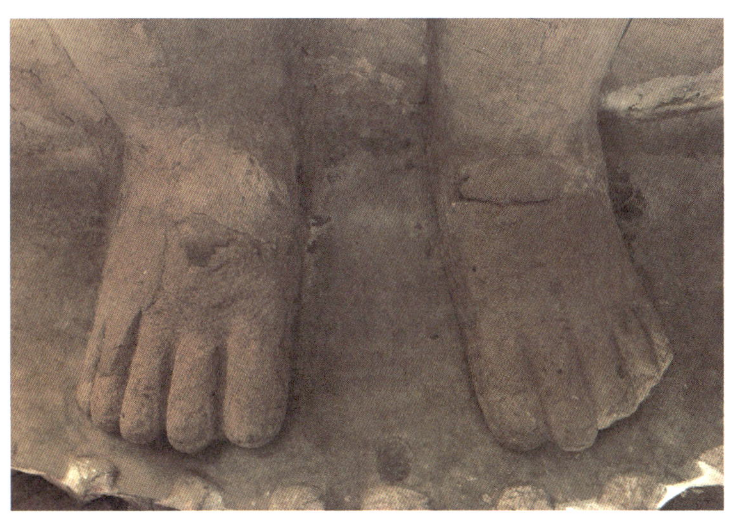

图11　接引寺摩崖造像的双足

## 2. 鱼头寺石窟

北魏晚期至西魏。在靖边县小河镇前河村谢家湾自然村西侧、南侧的崖体上。鱼头寺石窟第3窟中心柱的正面有高浮雕佛像，头佚后补，为明代风格。着双领下垂袈裟，有覆肩衣，内着僧祇支，右手施说法印，左手施降魔印，结跏趺坐于束腰须弥座承托的三层仰莲座上。通高156、像高73、像宽40厘米（图12）。

图12　鱼头寺石窟第3窟中心柱

中心柱的右侧上部为近年所绘佛像，下部有一拱形龛。龛左侧残失，仅存主尊佛像和右侧弟子像，均为北魏晚期至西魏时期作品（图13）。佛像头佚后补，削肩，着双领下垂袈裟，双领呈V形，袖手，结跏趺坐，像高74、宽59厘米。弟子像也是头佚后补，削肩，着交领长袍，领呈V形，双手置于腹前，站立状，着靴。像高64、宽14厘米。

图13 鱼头寺石窟第3窟中心柱右侧造像

中心柱的左侧面上部近年绘有佛像，下部开一拱形龛，龛右侧残失，仅见主尊佛像和左侧弟子像，均为北魏晚期至西魏时期作品（图14）。佛像头佚后补，削肩，身着双领下垂袈裟，双领呈V形，袖手，结跏趺坐，像高80、宽52厘米。弟子像也是头佚后补，着交领长袍，领呈V形，双臂自然下垂，小臂内屈，双手置于腹前，站立状，着靴。像高64、宽13厘米。

图14 鱼头寺石窟第3窟中心柱左侧造像

## 3.高川石窟

北魏晚期至西魏。在横山区石湾镇高川村东的庙峁山西侧的石崖上，前临大理河。从右向左依次1号龛、2号龛（图15）。

图15 高川石窟1号龛和2号龛

1号龛为屋形龛，宽49、高54、深15厘米。后壁高浮雕一佛二菩萨，佛像的头部残失，削肩，身体消瘦，结跏趺坐于束腰台座上，通高40、像高30、像宽16厘米。两侧菩萨风化严重，龛顶部浮雕为屋檐状，风化严重。右侧菩萨头戴高宝冠，双手合十而立，通高46、宽10厘米；左侧菩萨风化非常严重。通高42、宽8厘米。

2号龛为屋形龛，宽47、高55、深12厘米。后壁高浮雕一佛二菩萨，风化非常严重，佛像的头残失，削肩，身体消瘦，结跏趺坐于束腰台座上，通高35、像高22、像宽16厘米。右侧菩萨为站姿，通高38、宽8厘米；左侧菩萨风化严重，腰部保留有莲花状系带，通高36、宽9厘米。

## 4. 虎头峁石窟

北周。在神木市高家堡镇乔岔滩办事处凉水井村东南的虎头峁山西侧、南侧的崖壁上，西临秃尾河。从右向左依次为1号龛、2号龛（图16）。

图16 虎头峁石窟1号龛和2号龛

1号龛的时代为北周，高浮雕一佛二弟子二菩萨，宽50、高69、深17厘米。中间主尊头残，外着贴身双领下垂袈裟，内着僧衹支，双手施禅定印，右手残，结跏趺坐于台座上。台座前浮雕一对狮子，风化严重。佛像高49、宽32厘米，狮子宽15、高20厘米。两侧弟子头残，外着双领下垂袈裟，内着僧衹支，袖手置于腹前，跣足而立。高40、宽9.5厘米。右侧菩萨头残，上身右侧残失，左侧有衣领，侧身站立，高43、宽9.5厘米。左侧菩萨头残，双手托一物，侧身站立。高43、宽9厘米。

2号龛的时代为北周，宽40、高60、深10厘米。造像分为上下两部分，上层浮雕一佛二弟子，下层为二佛二菩萨。上层一佛二弟子，主尊为弥勒佛，头残，身着贴身袈裟，衣褶呈U形，平肩，双臂下垂，小臂内屈，手残失，倚坐于台座。高33、宽13厘米。两侧弟子残损严重，仅见立于台座上。高25～26.5、宽5.5～8.5厘米。下层中央为释迦多宝二佛并坐，头均残，着袈裟，宽平肩，双臂下垂，小臂内屈，下部残损不可辨。高22～22.5、宽10～12厘米。两侧各有1尊胁侍菩萨。右侧菩萨头残，身体右侧残失，左臂下垂，站立状。高21、宽6.5厘米。左侧菩萨头残，双臂下垂，右小臂上扬置于胸前，左小臂自然下垂，腿部残失，站立状。高23、宽5.5厘米。

## 5. 木头则石窟

北周。在米脂县沙家店镇木头则村西南的风水峁西壁上。下面分别介绍第2窟和第3窟。

第2窟的时代为北周。左壁高浮雕一佛二弟子二菩萨以及1尊力士造像（图17）。主尊佛像高肉髻，面部圆润，颈较长，身着交领袈裟，右手施无畏印，左手自然下垂抚于左腿上，倚坐方形台座。造像残高38、宽21厘米。

右侧弟子像的头略大，圆脸，面目模糊，颈较长，上身着交领袈裟，下身着裙，双手置于胸前托一横长方状物。高50、宽13厘米。左侧弟子形象大体一致。右侧菩萨仅存痕迹。

左侧菩萨高发髻，面部长圆，双耳悬垂，缯带下垂至肩并上折环绕于耳后，颈较长，上身赤裸，下身着裙，裙腰外露，腰系带，右手上举，左臂屈肘下垂抚于左胯上。高47、宽15厘米。

主尊左侧的弟子和菩萨造像下方有一力士造像，风化严重，仅可辨其右臂上举，屈肘置于右侧头部，作托举状。残高13、宽7厘米。

图17 木头则石窟第2窟左壁造像

第3窟的时代为北周。右壁高浮雕3尊造像。中央为佛像，螺发，肉髻低平，圆脸，脖颈较粗短，身着双领下垂式袈裟。右肩袈裟简洁明快，左肩袈裟褶皱紧密，从左前胸向右斜搭于右小臂上，前部呈现U形。右臂前伸，右手残失，左手抚左膝。下身着裙，结跏趺坐于坛基上。通高65、像高54、像宽27厘米（图18）。

坛基下部高浮雕卧狮，头已残，朝向西。高13、宽30厘米。

图18　木头则石窟第3窟右壁佛像

第3窟右壁佛像的右侧为天王像，高发髻，脖颈短粗，身披战甲，甲衣为对襟式，长及膝下，腰间扎带。上身甲衣尚残留绘彩痕迹，可辨为护心镜等。下身着裤，右手举于腹前，左手上举，双手、双足均残。足下踏一鬼卒，残损较严重。天王像高60、像宽25厘米（图19）。

图19　木头则石窟第3窟右壁天王像

## 6.武家畔石窟

北周至唐朝。府谷县武家庄镇郭家峁村武家畔自然村南有胡桥河，该石窟在河谷中央的三佛堂巨石上。

第1窟的时代为唐代，后壁高浮雕一佛二菩萨，风化严重，仅存轮廓（图20）。主尊佛像，结跏趺坐于亚字形须弥座上。通高114、像高74、像宽48厘米。

右侧菩萨的头和右肩残失，束腰，下身着裙，站于方形台上，通高87、像高57、像宽24厘米。左侧菩萨的头部风化严重，束腰，下身着裙，站于方形台上。通高93、像高78、像宽26厘米。

在主尊和左侧菩萨之间有1尊小坐像，头部残失，双肩下垂置于腹前，倚坐于台座上。高24、宽9厘米。

图20 武家畔石窟第1窟后壁造像

图21 武家畔石窟第2窟后壁造像

第2窟的时代为唐代，后壁高浮雕一佛一菩萨（图21）。主尊佛像头部残损严重，双耳垂肩，着袒右袈裟，右臂下垂，右手残失，左手施禅定印，结跏趺坐于方形台座上。通高93、像高74、像宽38厘米。

左侧菩萨头部已残，双耳垂肩，双臂下垂，双手置于腹前，下身着裙，站姿。通高77、像高60、像宽24厘米。

图22 武家畔石窟第3窟后壁造像

第3窟的时代为北周，后壁高浮雕一佛四菩萨（图22）。主尊佛像头部残损，可见低平肉髻，双耳垂肩，长颈，右臂前举，右手残失，左臂下垂，结跏趺坐。现存像高47、宽27厘米。

两侧各有2尊菩萨，头及上身残损，双手置于腹前，下身着裙，跣足站立。高41～43、宽12～13厘米。

图23 武家畔石窟第3窟左壁造像

第3窟的左壁高浮雕一佛四菩萨（图23）。主尊佛像头已残损，右臂前举，右手残，左臂下垂，左手搭于左膝，结跏趺坐于台座之上。现存像高46、宽21厘米。

主尊两侧各有一菩萨，头均残，双手置于腹前，上着袈裟，下着裙，站姿，现存高51、宽13～14厘米。外侧还各有1尊菩萨，头均残，双耳垂肩，右臂前举，左臂自然下垂，作站立状。现存像高51、像宽14～16厘米。

## 7.玉泉寺石窟

隋唐。在佳县刘国具镇闫家寺村南。第1窟始建于隋大业五年（609年），窟口外两侧各雕1尊力士。右侧力士呈站立状，发髻低矮宽平，面目已毁，赤裸上身，肌肉发达，右手横置于右侧腰，左手握紧，置于胸前，下身着短裙，以带结束，双脚着靴。高137、宽48厘米。左侧力士呈右站立姿，发髻低矮宽平，面目已毁，赤裸上身，肌肉发达，右手手心向外置于腹前，左手上扬托举一物，下身着短裙，裙腰外露，以带结束，双脚着靴。高138、宽50厘米（图24）。

图24 玉泉寺石窟近景

图25 玉泉寺石窟第1窟前壁

图26 玉泉寺石窟第1窟前壁的释迦涅槃像

第1窟前壁的窟口两侧各浮雕两尊立像，分别为菩萨和力士，窟口上方开龛，龛内高浮雕释迦涅槃像一铺（图25）。

释迦涅槃像位于窟口上方，宽128、高56厘米（图26）。娑罗树下，释迦右胁而卧，榻的正面左右各雕刻一件长颈圆腹净瓶。佛祖脚前跪有大弟子迦叶，右手执巾，正在为佛祖拭足。佛祖头前跪有阿难，张口作号哭状。佛祖身后有5位弟子，皆作悲啼号哭状。迦叶的左侧有1尊结跏趺坐佛，阿难的右侧坐有佛母摩耶夫人。

第1窟前壁左侧有2尊造像（图27）。第1尊为立姿力士，发髻宽平且矮，束发缯带从两边自然下垂至肩下，方脸膛，浓眉大眼，面相俊朗，裸露上身，双肩披帛，帛带于双臂内侧自然下垂，左手叉腰，右手持殳，下身着长裙，腰系束帛，双脚着靴，踏于蹲伏在台座上的鬼奴双肩之上。通高186、像高117、像宽43厘米，鬼奴宽38、高43厘米。

第2尊为立姿菩萨，高发髻，头戴束发花冠，两边束发缯带自然下垂至肩下，方圆形脸，双目微启，鼻子高挺，嘴角上翘，饰项链及璎珞，璎珞下垂至小腿部，双手合十于胸前。肩披帔帛，帛带垂至腹前束结后反折，由内向外搭在双臂弯，又下垂于身侧，长可及地，下身着裙，以束帛于腰前系蝴蝶结，束带一端自然下垂至双膝间，跣足立于台座之上。通高161、像宽44厘米。

图27　玉泉寺石窟第1窟前壁左侧造像

第1窟前壁右侧有2尊造像（图28）。第1尊为立姿菩萨，高发髻，头戴束发花冠，两边束发缯带自然下垂至肩下，方圆形脸，饰项链及项圈，双手于胸前捧物，上身赤裸，肩披帔帛，下身着裙，以束帛于腰前系蝴蝶结，跣足立于台座之上。通高161、像宽42厘米。

第2尊造像为立姿力士，发髻宽平且矮，束发缯带从两边自然下垂至肩下，方脸膛，凝眉瞪目，须髯垂于颌下，裸露上身，双肩披帛，帛带绕臂后自然下垂，左手叉腰，右手持三股叉，下身着长裙，腰系束帛，双脚着靴，踏于趴伏在台座上的鬼奴双肩之上。通高183、像高119、像宽41厘米，鬼奴宽35、高50厘米。

图28 玉泉寺石窟第1窟前壁右侧造像

图29 玉泉寺石窟1号龛

1号龛的时代为唐代，后壁高浮雕一佛二菩萨像（图29）。佛祖头佚，上身内着僧祇支，下身着裙，以束帛于胸前系结，外裹大袖通身僧衣，结跏趺坐于方形束腰须弥座上，僧衣遮蔽台座上部，左手施触地印，右臂下垂，置于右大腿，手掌向外结无畏引，五指均残毁。像高71、像宽48厘米。

佛祖的左右两侧站立菩萨，造型相似，头均残，有项饰，裸上身，双肩披帛，帛带自然下垂，下身着长裙，遍身饰璎珞，双手合十于胸腹间，直立于仰莲台上。两像高约60、宽17厘米。

菩萨的左右两侧各浮雕一天王立像，头均佚，裸上身，胸肌发达，披帛，下身着裙，跣足立于台座上。右侧天王右手拄杖，左手叉腰，像高48、宽16厘米；左侧天王的两臂残毁，像高49、像宽17厘米。

## 8. 墩山石窟

唐代早期。在米脂县王沙沟村西南的墩山自然村北的山坡半山腰，西临无定河。造像碑的正、背面均开凿方形龛。造像碑的正面上部开一方形龛，内雕一佛二弟子二菩萨像（图30）。主尊佛像，高肉髻，螺发，面相饱满圆润，弯眉慈目，身着双领下垂袈裟，双手施禅定印，袈裟覆于双手之上，结跏趺坐。通高113.5、像高91.5、像宽48厘米。

佛座后部两侧分别生出两朵莲花，承托胁侍弟子、菩萨。右侧弟子身着长袍，腰系带，双手合十立于莲花台上，通高76、像高62、像宽10厘米。左侧弟子体貌相似，头部残失。通高75、像高60、像宽10厘米。右侧菩萨高发髻，项饰璎珞，下身着裙，右手下垂提净瓶，左手内屈上扬，立于莲花台上，通高95、像高70、像宽9厘米。左侧菩萨体貌相似，双手于胸前持物，手残。通高96、像高70、像宽10厘米。

图30　墩山石窟造像碑正面

造像碑的背面上部开一方形龛，内雕一佛二弟子二菩萨（图31）。中间主尊，高肉髻，弯眉慈目，小嘴，身着双领下垂袈裟，右手施无畏印，左手施降魔印，倚坐于台座上。高92、宽24厘米。

右侧弟子身着长袍，束腰，双手置于腹前，呈站立状，高48、宽9厘米。左侧弟子形貌相似，双手合十站立。高47、宽9厘米。

右侧菩萨高发髻，项饰瓔珞，下身着裙，双手合十站立，高50、宽7厘米。左侧菩萨形貌相似，右手上扬，左手下垂提物。高48、宽8厘米。

图31　墩山石窟造像碑背面

造像碑的正面左侧，上下各开凿1个方形龛。上龛浮雕1尊佛像，高肉髻，弯眉，凤眼，鼻残，小嘴，身着双领下垂袈裟，内着僧祇支，双手托钵，袈裟覆于双手之上，结跏趺坐。通高63、像高52、像宽23厘米。下龛浮雕2弟子1菩萨像，均作站立状（图32），从右往左第1尊是菩萨像，高发髻，弯眉，凤眼，鼻残，小嘴，右手上扬，左手下垂持物，下身着裙。通高33、像高33、像宽7厘米。第1尊弟子光头，身着长袍，双手置于腹前。通高36、像高36、像宽7厘米。第2尊弟子像光头，身着长袍，双手合十。通高35、像高35、像宽6.7厘米。

造像碑的正面右侧与左侧造型相似，上下各开凿1个方形龛，不再赘述。

图32 墩山石窟造像碑左侧下龛

图33 麟州故城石窟

## 9.麟州故城石窟

唐代。在神木市店塔镇杨家城村西打井畔山顶南侧的崖体上。

石窟后壁高浮雕一佛二弟子（图33）。主尊佛像浅浮雕身光和桃形头光，头及双手、双足残失，着袒右袈裟，倚坐于束腰须弥座上，通高96、像宽33厘米。右侧弟子有圆形项光，头已残失，身着交领长袍，双手于胸前持物，手残，跣足立于覆莲座上，残高52、像宽20厘米。左侧弟子亦有圆形项光，头已残失，身着交领长袍，双手合十，手残，跣足立于仰莲座上，残高55、像宽23厘米。

右壁顶部浮雕人字形梁架，下有2尊浮雕造像。左侧为菩萨像，头残，上身披天衣，左臂自然下垂，右小臂残失，下着长裙，腰系带，呈S形站立，腹部微凸，双足风化残失，残高53、宽19厘米。右侧造像风化严重。

左壁顶部浮雕人字形梁架，风化严重，下有2尊浮雕造像。右侧为菩萨像，头残，袒露上身，饰璎珞，右臂上扬，左臂自然下垂，下着长裙，腰系带，呈S形站立，腹部微凸，双足风化残失，残高49、宽20厘米。左侧造像风化严重，仅见为站姿。

## 10.杨会塌石窟

唐代中晚期。在榆阳区大河塔镇安崖办事处杨会塌村东的断崖上。下面介绍第3窟的力士。第3窟的左壁前部有1尊高浮雕力士，保存较好，呈S形站立。头顶残，面部为胡人形象，大耳，鼓目，宽鼻，嘴残。双肩披帛，右侧帔帛下垂，搭于左手腕，左手握帛带于腰间，微鼓腹，右小臂垂直上扬，右手残，下身着裙，系带下垂，跣双足，左足残。通高101、像宽28厘米（图34）。

图34 杨会塌石窟第3窟左壁力士

## 11.石寺洼石窟

唐代。在横山区白界镇陈家沟村东北的石寺洼半山腰，东临榆溪河。石窟为三壁佛坛窟，宽169、高165、深172厘米。窟内平顶，略呈弧形。窟口为长方形，宽103、高160、厚26厘米，后壁坛基深60、宽147、高20厘米，右壁坛基深34、宽87、高18厘米，左壁坛基深34、宽86、高18厘米（图35）。下面对石窟的三壁分别介绍。

图35　石寺洼石窟

石窟后壁中央开一圆拱形龛，龛内高浮雕一佛二菩萨（图36）。主尊佛像为高肉髻，着双领下垂式袈裟，左手置于左膝，右手小臂上举，结跏趺坐于高束腰双层仰莲座上。通高123、像高66、像宽52厘米。

右侧菩萨高发髻，面部风化严重，项饰珠链，裸上身，披帛，帔帛交互缠绕双臂，右手上举似持物，左手下垂持净瓶，下身着裙，系带自然下垂，跣足立于双层仰莲台上。通高99厘米、像高80、像宽32厘米。左侧菩萨形貌相似，面残，双手合于胸际，似捧物。通高103、像高90、像宽32厘米。

图36 石寺洼石窟后壁造像

石窟右壁中央开一圆拱形龛，龛内高浮雕一佛二弟子（图37）。主尊头部残毁严重，着双领下垂式袈裟，左手垂置于左膝，右手的手及臂已残，倚坐于方形台座上，双脚跣足，分别踏于两朵仰莲上，莲茎下部缠绕在一起。通高118、像高83、像宽45厘米。

右侧弟子面部风化严重，着交领袈裟，双手交于腹前，手残，系带自然下垂，跣足立于双层仰莲台上，下有两级台座。通高101、像高85、像宽22厘米。左侧弟子面部风化严重，着袒右袈裟，双手合十于胸际，手残，系带自然下垂，跣足立于双层仰莲台上，莲台已残，莲台下有两级台座。通高103、像高84、像宽22厘米。

图37　石寺洼石窟右壁

石窟左壁中央开一拱形龛，龛内高浮雕一佛二弟子（图38）。主尊佛像的面部残，袈裟从左至右绕肩然后搭于右臂上，双手施禅定印，右肩残，结跏趺坐于须弥座上。通高110、像高71、像宽44厘米。

右侧弟子头部已残，身体风化严重，着交领袈裟，双手置于腹前，跣足立于双层仰莲台上，莲台及下面两级台座已残。通高91、像高66、像宽27厘米。左侧弟子头部已残，身体风化严重，着袒右袈裟，双手合十于胸前，双手已残，跣足立于双层仰莲台上，莲台下有两级台座。通高92、像高68、像宽28厘米。

图38 石寺洼石窟左壁

## 12.五龙寺石窟

唐代。在佳县王家砭镇豪则沟村庙湾自然村西火神梁的崖壁上。

石窟后壁高浮雕一佛二弟子（图39）。主尊佛像为螺发，高肉髻，面部残，圆肩长颈，上身着袒右袈裟，下身着裙，左手施禅定印，右臂上扬，手部已残，结跏趺坐于方形束腰须弥座上。通高80、像宽33厘米。

右侧弟子身着交领袈裟，下身着裙覆于足面，双手握于胸前，立于圆形台座之上，双足已残。通高79、像高74、像宽17厘米。左侧弟子身着袒右袈裟，下身着裙覆于足面，右臂上扬，左手置于胸腹间，似托一物，立于圆形台座之上，右手和双足已残。通高75、像高70、像宽22厘米。

图39 五龙寺石窟后壁

石窟右壁高浮雕二菩萨一力士（图40）。从里到外第1尊是菩萨像，高发髻，面残，圆肩，裸上身，右手上抬至右肩，执一带状物，左手自然下垂，下身着裙，跣足立于圆形台座上。通高80、身高77、像宽18厘米。

第2尊是菩萨像，高发髻，面部残损，裸上身，双手合十，下身着裙，跣足立于圆形台座上。通高80、身高76、像宽17厘米。

第3尊是力士像，高发髻，面部残损，裸上身，胸肌发达，右手叉腰，左手握拳上扬，帛带绕过两臂形成弧形悬垂于胯前，下身着短裙，跣足立于方形台座上。通高81、身高74、像宽32厘米。

图40　五龙寺石窟右壁

图41 五龙寺石窟左壁

石窟左壁高浮雕二菩萨一天王（图41）。从里到外第1尊是菩萨像，高发髻，面残，圆肩，裸上身，右手上抬，手执一带状物，左臂下垂，手提净瓶，下身着裙，裙腰外露，跣足立于圆形台座上。通高81、身高77、像宽21厘米。

第2尊是菩萨像，高发髻，面部残损，裸上身，双手合十于胸，下身着裙，身姿略呈S形，跣足立于圆形台座上。通高79、身高75、像宽15厘米。

第3尊为力士像，面部残损，裸上身，胸肌发达，左手叉腰，右手握拳上扬，帛带绕过两臂形成弧形悬垂于胯前，下身着短裙，跣足立于方形台座上。通高78、身高72、像宽32厘米。

# 第三章　宋金元时期的石窟艺术

经历了唐武宗灭佛和后周世宗的禁佛运动之后，佛教受到严重打击，而北宋统治者出于统治需要，开国伊始便提倡复兴佛教。当时采取了一系列措施，例如建寺、刻经、求取舍利和贝叶经等，佛教因而呈现再兴之势。在此背景下，10世纪末，佛教在中原再次兴起，求法与传法的中外僧人不绝于道。陕北地处东西向交通要道，有不少中外僧人途经此地，进行佛教传播活动。佛教在陕北地区再次兴起，逐渐开始了新的开窟造像活动，并在北宋中晚期达到鼎盛。

## 一、宋代石窟

由于受到政治、军事的影响，在陕北的南部和北部，开窟造像情况截然不同。延安等地位于南部，由于战争原因，大量的人力、物力和财力源源不断地输送而来。军人、商旅以及往来人口的增多，为寺院经济增添了活力，加之战争的阴云、旅途的艰辛，又使得人们从心理上增加了对神灵的依赖，这些为延安石窟寺的发展提供了经济基础和民众信仰基础，造就了延安宋代石窟的辉煌。但在北部的榆林一带，因长期处于战争最前沿，社会动荡不安，经济凋敝，人口急剧下降，所以没有出现像延安地区那样繁荣的石窟造像艺术。榆林现存的北宋石窟，只有佳县云岩寺第3窟、横山红门寺石窟（第4、5、6窟）、靖边鱼头寺第1窟等。

榆林的北宋石窟以小型、中型窟为主，造像题材主要有三佛、释迦佛、十六罗汉、骑狮文殊与乘象普贤、自在坐观音等，均为这一时期陕北地区常见的题材。横山区红门寺石窟现存7窟，其中第1、2、3窟为明代窟，第4、5、6窟为北宋窟，第7窟为北朝洞窟，洞窟所在崖壁上方有元代所建砖塔。从题材和造像风格等方面来看，横山红门寺石窟第4、5、6窟的时代相对较早，约为北宋早中期作品。红门寺第4窟残损严重，仅存后壁和左壁，后壁主尊为三佛，左壁上部残存8尊罗汉造像，右壁对应位置应同样雕刻8尊罗汉，共同组成十六罗汉造像。第4窟的左壁下部开一方形小室，宽214、高135、深150厘米。延安市黄龙县小寺庄石窟的左壁前部也有一个类似的方形小石室，齐鸿浩认为，这可能是僧人的禅室[9]。红门寺第5窟残损严重，仅存后壁造像，共有3尊高浮雕造像，左侧两尊为跏趺坐佛，右侧1尊立像残损严重。二佛并坐是早期流行的造像题材，在陕北宋金石窟中极为少见，目前所知除了红门寺第5窟以外，仅有延安市甘泉县柳落峪石窟第2窟一处[10]，两窟均以释迦多宝二佛并坐为主尊。但是从造像风格看，两窟的造像差别较大。柳落峪第2窟的造像受到了富县、甘泉一带北宋早期石窟造像风格的影响，已经展现出宋代造像的繁复和细腻之感。而红门寺第5窟的造像略显粗犷，带有北朝造像遗风。所以我们认为，红门寺第5窟的造像题材和风格受到了当地早期石窟的影响。红门寺第6窟是方形小窟，后壁前设坛，坛基平面略呈“凸”字形。后壁高浮雕释迦涅槃图像，释迦佛右胁而卧，佛陀头部一侧为佛母摩耶夫人，脚部一侧有大弟子迦叶，其余八名弟子分列佛陀身后及两侧，皆呈悲泣状，造像均风化严重。这铺涅槃像的造像皆经后代重修，原貌较为模糊

---

[9]齐鸿浩：《黄龙县小寺庄发现宋代石窟》，《文博》1988年第2期，第93页。

[10]综合石窟形制、造像题材和风格等多方面因素，我们认为，甘泉柳落峪石窟第2窟开凿于北宋早期。

无法辨识，但弟子像风格与红门寺第4窟罗汉像较一致，应同为北宋作品。该窟以涅槃像为主尊造像，在陕北地区较为少见。就具体内容而言，这铺涅槃像有早期遗风，其构图与佳县玉泉寺第1窟前壁窟口上方的涅槃像颇为一致，而与陕北其他地区宋金时期的涅槃像差异较大。

综合以上分析，红门寺第4、5、6窟，造像题材上既有来自榆林地区北朝隋唐造像中的二佛并坐、涅槃像等，也有延安的富县、甘泉等在宋初出现的十六罗汉；雕刻风格则是在继承当地前代造像风格的基础上，吸收了延安一带宋代造像的样式。这说明，榆林宋代早期石窟造像的发展具有一定的独立性，并非完全吸纳延安一带的造像内容。

靖边县鱼头寺石窟共有4窟，其中第3窟为北魏末至西魏时期，第1窟为北宋时期，其余两窟为明清时期开凿。第1窟为三壁设坛窟，造像题材有三佛、文殊与普贤、自在坐观音等。该窟的形制和造像题材均为北宋时期陕北地区的流行内容。从造像特点和风格看，佛像着半披式袈裟，外有覆肩衣包住右肩，结跏趺坐，佛座高大，为“工”字形须弥座承托的三层仰莲座。文殊与普贤菩萨均着通肩式袈裟，结跏趺坐于高大的“工”字形须弥座承托的双层仰莲座上，须弥座束腰处雕刻出狮子和大象的前半部。自在坐观音舒坐于台座上，胸饰璎珞，小腹微鼓，裙腰外露，系带，右手扶搭于右膝，左手支于台座上。观音造型简练概括，线条洗练流畅，表情肃穆端庄，感情内向稳重，具有北宋中晚期造像的典型特征。

鱼头寺石窟造像台座，与北宋晚期的延安市安塞区的黑泉驿石窟、龙眼寺石窟第4窟、延安市志丹县的城台石窟的造像台座颇为一致，台座高大，下有“工”字形须弥座，上为仰莲座。特别是文殊和普贤的台座，均是在须弥座的束腰处雕刻出狮子和大象的前半部，卧狮和卧象的雕刻手法也相似。鱼头寺石窟的自在坐观音形象与陕北地区北宋晚期的自在坐观音形象颇为一致，例如安塞区黑泉驿石窟左侧立柱上的自在坐观音像。根据以上分析，我们认为，鱼头寺石窟可能开凿于北宋晚期。

从分布区域和造像风格看，鱼头寺石窟与榆林南部的横山区，延安北部的安塞区、志丹县的宋金石窟属于同一系统，在洞窟形制、造像题材和风格上具有许多相似之处，而与榆林北部的佳县云岩寺石窟第3窟、龙泉寺石窟第4窟等宋金石窟差异较大。

榆林的北宋开窟造像中，以佳县云岩寺石窟第3窟保存最好，且有明确纪年。该窟由前廊和后室组成。其中前廊后壁有二天王、自在坐观音、僧伽、大肚弥勒等。后室的后壁设坛窟，造像题材有一佛（释迦佛）二弟子、骑狮文殊和乘象普贤、十六罗汉。后室的前壁窟口上方有题记：“都维那社应，副维那张在、副维那刘海，同施主七人，同施主七，同施主功，十方施主，施食施主，石件（佛）洞修释迦如来佛、十六罗汉石洞，普偏（遍）十方修功毕。同增福利，并生程结。李子真。宣和四年八月日。修字人刘礼。石匠四人，李□、□八□、张靖。”

据题记可知，云岩寺石窟开凿于北宋宣和四年（1122年）。该窟是由都维那社应、副维那张在、副维那刘海等人主持开凿。施主的称谓不同，有“施主”“十方施主”和“施食施主”。其中，“施主”或是指当地施主，“十方施主”则是指外地施主。同时列出“施食施主”，这是颇有意思的。但不知何故，所有的施主姓名均未列出。

就洞窟形制和造像题材而言，云岩寺石窟与延安地区的北宋晚期石窟较为一致，特别是在左、右壁面分上下两侧高浮雕十六罗汉，共布局与延安市富县北宋晚期的炮楼石窟、五家庄石窟（宣和二年）、梨树窑子观音殿石窟（宣和五年）等颇为相似。十六罗汉、自在坐观音、僧伽、大肚弥勒等造像题材，均是延安地区北宋晚期流行的造像题材。

云岩寺石窟前廊右侧壁面高浮雕自在坐观音。观音高发髻，头戴观音巾，面目方圆饱满，颈有三道，胸饰璎珞，上身有帔帛，右手抚搭于右膝，左手支在身体左侧的石座上，下身着长裙，跣足，侧身坐在台座上。在观音左下侧即前廊后壁右侧下部，浮雕一组在汹涌的波浪中乘云而来的人物，共3尊。前两尊经后代补修，原貌不详。第3尊为力士像，全身赤裸，仅着三角裤，扛一杆大旗，力士造像有修补的痕迹，但旗帜为原作。

这组以扛大旗力士为代表的乘云人物造像，在其他地方的自在坐观音造像中也有发现，其中以陕西延安子长的钟山石窟第10窟（北宋中期）前壁的自在坐观音龛、甘肃瓜州的东千佛洞第2窟（西夏时期）甬道左右壁的自在坐观音壁画最具代表，内容颇为一致。据段文杰考证，东千佛洞石窟自在坐观音中的这组乘云人物，是《取经诗话》中的大梵天王及其侍从。石建刚也认为，在延安宋金石窟自在坐观音图像中，与玄奘取经图像对应的这组乘云人物正是《取经诗话》中的大梵天王及其侍从[11]，据此我们认为，云岩寺石窟的这组乘云人物同样是大梵天王及其侍从图像。大肚弥勒造像是以五代时期的契此和尚为原型，在北宋晚期到金代的延安石窟中，大量出现这一造像题材，特别是在延安北部的安塞等地的石窟中，这一造像题材经常出现，如安塞的石寺河第1窟、龙眼寺石窟第4窟。这些独具地方特色的造像题材也出现在榆林的宋代石窟中，这说明，榆林宋代石窟造像对延安造像内容有所吸收。

云岩寺石窟的第3窟受延安地区宋代石窟造像的影响较大，又有创新之处，以云岩寺石窟前廊左侧壁的僧伽造像为例加以说明。这铺僧伽造像由僧伽、二胁侍、宝塔组成，僧伽戴披帽，面相方圆饱满，着袈裟，右手执锡杖，左手拿串珠，站立于祥云之上。右侧胁侍的头部残失，着袈裟，双手合十立在祥云上；左侧胁侍的头部残失，着圆领窄袖长袍，双手合十立于祥云上。在左侧侍从上方雕刻了一座宝塔，原应是十一级，比例较小。这铺僧伽造像与前廊右壁的自在坐观音正好相对，具有明显的组合关系，旨在强调僧伽是观音的化身。从文献记载看，僧伽是观音菩萨化身的传说大约始于北宋初年。这一说法最早见于宋初李昉等人编著的《太平广记》，书中记载：

后中宗问万回师曰：僧伽大师何人耶？万回回曰：是观音化身也。如法华经普门品云，应以比丘、比丘尼等身得度者，即皆见之而为说法，此即是也[12]。

在延安的北宋石窟中，僧伽与观音组合的造像共有4例，其中安塞石寺河第1窟后壁的僧伽观音并列像与云岩山石窟的僧伽观音对应组合最为接近[13]。同时，与延安及其他地区的僧伽造像对比，这种僧伽及二弟子立像与宝塔组合的造像题材尚未发现，那么这到底有着怎样的文化内涵呢？在僧伽的各类灵验记中，多有“泗洲塔上大圣现形”的记载，例如《宋高僧传》中的一段记载：

咸通中，庞勋者本徐州戍卒，擅离桂管，沿路劫掠，而攻泗州，围逼其城。伽于塔顶现形，外寇皆睡，城中偶出击之，惊窜而陷，宿州以事奏闻，仍锡号证圣大师也[14]。

据南宋国子监祭酒李祥记述，宋高宗建炎三年（1129年）三月，家乡锡山遭遇“金虏之祸”。“予父大夫奉祖母以下奔进逃难，各不相知闻。又自被击踣水滨闷绝。忽念一门主祀将谁托，俄见一塔，火光星迸，有僧伽立焉，忽变观音像，手持线三寸，命吞之。始惊觉，自水中奋身而起。日暮，祖母老妣下及儿女复圆聚，不失一人。自幼闻于父兄久矣。”[15]南宋诗人陆游也曾谈及“僧伽因泗州塔毁而另寻他处行化”一事[16]。因此，两宋时期，各地多有建造僧伽塔者。

---

[11]段文杰：《玄奘取经图像研究》，《1990年敦煌学国际研讨会文集 · 石窟艺术编》，辽宁美术出版社，1995年，第6～7页。

[12]（宋）李昉等：《太平广记》卷九十六，中华书局，1961年，第639页。

[13]延安地区僧伽造像的详细介绍，参见石建刚、高秀军、贾延财《延安地区宋金石窟僧伽造像考察》，《敦煌研究》2015年第6期，第30～40页。

[14]（宋）赞宁撰，范祥雍点校：《宋高僧传》卷十八《唐泗州普光王寺僧伽传》，中华书局，1961年，第450页。

[15]（宋）蒋之奇：《泗州大圣明觉普照国师传》之《灭后应化灵异一十八种》第十八“李大夫见大士化观音命吞线得 ”，明万历十九年（1591年）李元嗣刻本，第835页。

[16]（宋）陆游：《老学庵笔记》卷八，中华书局，1979年，第105页。

我们认为，云岩寺石窟这铺僧伽像正是表现泗州塔上大圣现形，僧伽和二胁侍弟子脚下的祥云也说明了这一点。僧伽和二弟子身体较大，左侧弟子上方的宝塔则显得很小，这可能是表现僧伽和二弟子从塔中而来，塔为远景，故而较小。云岩寺石窟开凿于宣和四年（1122年），已是北宋末年，宋夏战争仍在持续之中。处于战争前沿阵地的葭州民众雕刻僧伽像，极有可能是希望僧伽能像灵验记载中所说的那样，救他们脱离战争的苦难，安居乐业。

从造像风格来看，云岩寺石窟造像有以下特点。第一，衣饰繁复厚重。衣饰繁复这是宋代造像的整体特点，以主尊佛像为例，共着三层佛衣，内为僧祇支，中为右衽衣，外为包右肩袈裟，各层衣饰表现清晰明了。造像衣饰厚重，特别是佛、罗汉和僧伽的衣服，没有其他宋代造像衣饰的那种细腻飘逸之感，像是粗布衣，可能是对榆林一带僧人衣饰的真实写照。第二，造像较为写实，与延安地区的北宋晚期造像存在一定差异。以罗汉像为代表，已经脱离了仙界的风貌，更像是有血有肉的陕北大汉。

## 二、金代石窟

榆林境内的金代石窟，可以确认的只有佳县龙泉寺石窟第4窟一例，尚存一佛二弟子二菩萨浮雕以及三方题记。根据题记，该窟开凿于“阜昌丙辰岁”，阜昌乃是金朝附庸（北宋降臣刘豫所建）伪齐政权的年号，阜昌丙辰岁即阜昌六年（1136年）。据《宋史·刘豫传》记载：“（建炎）四年（1130年）七月丁卯，金人……册刘豫为皇帝，国号大齐。……九月戊申，豫即帝位，赦境内，奉金正朔，称天会八年（1130年）。……十一月，改明年元阜昌。……（绍兴七年，金）尚书省奏豫治国无状，当废。十一月丙午，废豫为蜀王。”[17]

龙泉寺石窟坍塌严重，原形制不明，现存造像为一佛二弟子二菩萨，二菩萨像的外侧各有1尊造像被盗凿，仅留飘带残痕，应为天王或力士造像。主尊佛像头部已佚，线刻身光和头光，着双领下垂袈裟，双手结禅定印，结跏趺坐于仰莲座上，下为须弥座，佛座风化严重。两侧弟子头部均佚，上身均着交领宽袖僧袍，双手合十于胸际，下身风蚀严重。右侧菩萨头佚，发辫垂于肩头，项饰瓔珞，肩披帔帛自然下垂，双手于胸前持物（为如意、莲花之类），有腕钏，着裙，系带于腹前打结下垂，跣足站立于莲台上。左侧菩萨头佚，发辫垂于肩头，项饰瓔珞，肩披帔帛自然下垂，右手上扬持一物，有腕钏，左手臂自然下垂，手握帔帛，有腕钏，着裙，系带下垂。总体来看，其造像风格是对北宋造像艺术风格的继承，差异较小，极难分辨。但也有一些细微的变化，佛、菩萨不似北宋清高淡雅，更显端庄健硕，带有金人的自信豪迈。例如两尊菩萨像，不像宋代菩萨那样妖娆，体态更加丰盈，站立也较为笔直。

除了所保存的几尊造像外，龙泉寺石窟现存三方题记，为我们提供了许多信息。

题记1：“岚州合河县怀远乡穀地谷李宣，自兵戈累年，全家无虞，谨发虔诚，充都维那，命匠创修石佛一会，建造堂宇，伏愿国泰民安，合家康裕。李宣，男李宗、李琮，姪男李受，孙男李琦，三哥，李宣妻刘氏，新妇温氏、高氏、王氏。阜昌丙辰岁七月七夕日记。”

题记2：“隰州石楼县龙台乡□□村高亨，为时岁艰难□□□河寨地分居住二十余□□□金混荡，已得逃生，愿□□□那，伏愿合家安乐，同曾（增）福利。副维那高亨、妻张氏，弟高准、妻孙氏，随施李义，男僧奇、黑子，合家安乐。”

[17]《宋史》卷四七五《刘豫传》，中华书局，1977年，第13794、13801页。

题记3："降州太平县景云乡相里村西社石匠张连，并弟张靖、张盖，男张世杰、张子荣镌石佛一会，及报施土地三士，伏愿皇帝万岁，国泰民安，合家安乐。阜昌丙辰岁五月十八日功毕。"

从题记来看，龙泉寺石窟是由来自山西岚州的李宣一家、山西隰州的高直一家及山西降州的张连一家共同出资开凿。或者如李静杰所说，三家均是因战乱而逃难至此[18]。若果如此，三家应到此地不久，或因祖籍相近而聚集在一起，共同开窟造像。"充都维那"一语，或说明李宣原本并非都维那，而是为了开窟造像而临时充当此职。其中张连三兄弟以及张连的两个儿子，既是功德主，又是开窟造像的工匠。这一点说明，陕北宋金石窟的部分工匠应来自山西，陕北与山西的石窟造像有着紧密联系。就祈愿内容而言，李宣一家因"自兵戈累年，全家无虞"而发心，高直和张连两家均是为了祈求"国泰民安，合家安乐"，均与战乱有关，表达了他们期望和平安定的愿望。在题记3中，张连一家不仅镌刻"石佛一会"，还有"土地三士"，可惜如今已无法看到这些土地造像。

据文献记载，至迟在唐代，寺院就有专门供奉土地神的土地堂了。到了宋代，几乎所有的佛教寺院皆设有土地堂，土地神成了寺院重要的神祇之一，而且将对土地神的礼拜仪式写进清规。在佛教寺院中，土地神扮演着护法神的角色，护持佛法，护佑寺院和僧众。宋金以及更早的石窟寺中保存下来的土地像极少，这铺土地像虽已残失，但题记为我们留下了珍贵的文献资料。

## 三、元代石窟

在榆林，元代开窟较少，目前有明确题记者仅1例，即神木市龙兴寺石窟第1窟。可惜该窟造像无存，仅留下一方题记："龙兴寺于大元国大德六年（1302年）二月十四日，□□修建东南石洞，于（与）寺庙同时开工，后历□□□战事不断，时修时停，□计石洞修造长□十五年之久，寺庙修十年四个月十五天，因故□四月十五日遇会三天，以纪食盐一项二十三石余。大元国皇庆二年（1313年）壬子吉日，石刻葭州周将仁。"从题记内容看，即使在元中期，榆林地区仍战事不断，所以元代在此开窟较少。

虽然元代榆林地区开窟较少，但也遗存下来部分其他佛教遗迹，如横山区鸿门寺石窟旁的元代砖塔、佳县龙泉寺石窟旁的元代经幢、佳县玉泉寺石窟崖壁上的元代题记、清涧县悬空寺石窟内的元代题记、绥德县老君神石窟的元代重修题刻、榆阳区古塔寺石窟旁的元代古塔等。

这些元代遗存多出现于前代石窟寺内，说明元代佛教寺院依旧兴盛，或是由于财力所限，多是对旧有石窟寺的扩建和重建。

下面介绍具体石窟。

[18]李静杰：《陕北宋金石窟题记内容分析》，《敦煌研究》2013年第3期，第107页。

## 1. 云岩寺石窟

开凿于北宋宣和四年（1122年）。在佳县佳芦镇南的虎头峰山腰，东临黄河，南临葭芦河。第3窟保存较好。

云岩寺第3窟的时代为北宋，后壁前高浮雕一佛二弟子（图42）。主尊佛像，高浮雕，头佚新补，着双领下垂式袈裟，下身着裙，腰裙外露，系腰带，左手抚左膝，右小臂及手残失，结跏趺坐于双层仰莲台上，莲台上铺坐褥，莲台下承须弥座。通高136、像高97、像宽81厘米。

左侧弟子头佚新补，着右衽袈裟，双手拱于胸前，下身着裙，足蹬布履，立于仰莲台上，通高115、像高83、像宽39厘米。右侧弟子头佚新补，着右衽袈裟，双手合十于胸际，下身着裙，足蹬布履，立于仰莲台上。通高126、像高96、像宽44厘米。

图42　云岩寺石窟第3窟后壁

云岩寺石窟的右壁高浮雕两排6尊罗汉，上排中间罗汉的左右两侧各有1尊小造像（图43）。

上排从左向右第1尊罗汉头佚后补，上身内着交领窄袖衬衣，外着交领大袖僧袍，袍外罩袒右袈裟，双手置于膝上，双脚穿布履倚坐于台座之上。高88、像宽40厘米。第2尊罗汉头佚后补，上身内着交领窄袖衬衣，外着交领大袖僧袍，袍外罩袒右袈裟，左腿自然下垂，右腿上抬踏于座上，双手抱右膝。高84、像宽44厘米。第3尊罗汉头佚后补，上身内着交领窄袖衬衣，外着交领大袖僧袍，袍外罩袒右袈裟，双手拄杖，双脚着布履，倚坐于台座之上。高88、像宽50厘米。

下排从左向右第1尊罗汉头佚后补，上身着袒右袈裟，右臂有臂钏，双手抱左膝，左腿踏于岩座之上，右腿自然下垂。高80、像宽53厘米。第2尊罗汉头佚后补，赤裸上身，有覆肩衣，双臂有臂钏，双手置于右膝，下身着裙，倚坐于台座之上，双腿为后补。高40、像宽46厘米。第3尊罗汉着覆头衣，双目微闭，双手结禅定印，结跏趺坐于台座上。通高90、像高82、像宽52厘米。

上排第2尊的左右两侧，各有1尊弟子小造像。左侧弟子头蓄童子齐眉短发，五官可辨识，上身着圆领窄袖长袍，腰间系带，双手于腹前托一物，双脚着履站在云岩之上，云岩下有一石门。造像通高44、云岩座高20、石门高14厘米。右侧弟子头蓄童子齐眉短发，双目微闭，头左倾，以左手支撑，左肘靠在罗汉身上，上身着圆领窄袖长袍，下身着裤，右手于胸前持袍角，双脚着履，站在于云岩之上。造像高39、云岩高37厘米。

图43 云岩寺石窟第3窟右壁

云岩寺石窟的左壁高浮雕两排6尊罗汉，上排中间罗汉的左右两侧各有1尊小造像，上排最左侧罗汉左侧有1尊小造像（图44）。

上排从右向左第1尊罗汉头佚后补，上身内着交领窄袖衬衣，外着交领大袖僧袍，袍外罩袒右袈裟，右手托一物，左手搭在左膝，双腿结跏趺坐于台座之上。通高79、像宽51厘米。第2尊罗汉头佚后补，上身内着交领窄袖衬衣，外着交领大袖僧袍，袍外罩袒右袈裟，右手搭于右膝，左手托一钵，双脚着布履，倚坐于台座之上。高83、像宽47厘米。第3尊罗汉头佚后补，上身内着交领窄袖衬衣，外着交领大袖僧袍，袍外罩袒右袈裟，双手合十，手指佚失后补，结跏趺坐于方台座上。高83、像宽47厘米。

下排从右向左第1尊罗汉只留前胸及交领袈裟，其余均被破坏，后期泥塑修补。第2尊只留前胸及交领袈裟，其余均被破坏，后期泥塑修补。第3尊罗汉只留前胸、左臂及胯部和双膝，其余均为后补。

上排第2尊罗汉的左右两侧各凿有1尊弟子小造像。右侧弟子头佚后补，通体长袍，双手拱于胸前站立。高42厘米。左侧弟子头佚后补，通体长袍，双手拱于胸前托钵站立。高45厘米。上排第3尊右侧也有1尊小像，高浮雕，头佚后补，着圆领长袍，腰扎带，呈站立状。高23厘米。

图44　云岩寺石窟第3窟左壁

云岩寺石窟的窟口外右侧的天王像，头戴兜鍪，纵眉鼓目，表情威严。上身内穿箭袖锦衣，外罩战袍，战袍袖口上卷反翘至肩部，形似凤尾，袍外裹缚甲衣，于胸前以丝帛系玉环束结，左右胸前各有一面锁子纹护心镜，双手于腹前拄剑支地，双足蹬薄底靴。高213、宽60厘米（图45）。

图45 云岩寺石窟第3窟窟口外右侧天王像

云岩寺石窟第3窟外壁左侧雕刻弥勒佛。光头，大耳垂肩，双颊凸起，下颌丰满，内着对襟僧袍，外披袈裟，于左肩施以吊带衔环，大腹便便，左腿弓起，右腿结半跏趺，呈舒相坐姿，左手持念珠搭于左膝，右手搭于右膝，袈裟及袍角将双腿及脚完全盖住。通高153、像宽97厘米（图46）。弥勒头上方浮雕一朵祥云，云上有1尊小像，经现代补塑，原形象不明。

图46　云岩寺石窟第3窟外壁左侧弥勒佛造像

云岩寺石窟前廊左壁高浮雕一铺僧伽造像（图47）。僧伽为僧人形象，头戴披帽，面目方圆饱满，额有白毫，上身内着右衽衣，外罩右衽僧袍，右手拄禅杖靠于右肩，左手捻佛珠于胸前，双脚着布履，端立于云间。通高153、像宽97厘米。

右侧侍从为弟子形象，头佚后补，内着宽袍大袖僧衣，外罩袒右袈裟，双手合十，双足着布履立于祥云承托的方形台座上。通高130、像高88厘米。左侧弟子为头佚后补，上身着窄袖圆领短袄，腰间裹有护腰，双手合十，下身着裙，双脚着布履，立于祥云承托的方形台座上。像高73厘米，座高30厘米。左侧侍从的头顶上方立有一座宝塔，现存11层。塔高69厘米。

图47 云岩寺石窟第3窟外前廊左侧僧伽造像

图48　云岩寺石窟第3窟外前廊右侧观音造像

云岩寺石窟第3窟外的前廊右侧雕刻观音菩萨，呈自在坐姿势坐在台座上。高发髻，头戴观音巾，面目方圆饱满，颈有三道，胸饰璎珞，上身着天衣及帔帛，右手搭在右膝上，左手支在山石座上，下身着长裙，跣足。通高135、像高90、像宽50厘米（图48）。

## 2.佳县龙泉寺石窟

开凿于伪齐阜昌六年（1136年），在佳县刘国具镇白家下坬村南的石佛堂圪堵西南壁。第4窟的时代在伪齐阜昌六年，原形制因坍塌而不详，后壁现有浮雕一佛二弟子二菩萨（图49）。后壁中间是主尊佛像，头佚，有背光和头光。着双领下垂袈裟，双手结禅定印，结跏趺坐于仰莲座上，下为须弥座，佛座风化严重。像高110、像宽82厘米（图50）。

图49 佳县龙泉寺石窟第4窟

图50 佳县龙泉寺石窟第4窟后壁佛像

第4窟后壁主尊的右侧为一菩萨，头佚，项饰璎珞，肩披帔帛自然下垂。右手置于腹前，左手上扬至胸前，双手已残，有腕钏。下身着裙，系带下垂，跣足站立于底座上。像高110、像宽41厘米（图51）。

图51 佳县龙泉寺石窟第4窟后壁右侧菩萨像

第4窟后壁主尊左侧站一弟子，头佚。上身着交领宽袖僧袍，双手合十，下身风蚀严重。残高113、像宽39厘米（图52）。

图52 佳县龙泉寺石窟第4窟后壁左侧弟子像

第4窟后壁左侧立一菩萨，头佚。项饰璎珞，肩上帔帛自然下垂，有臂钏和腕钏。右手上扬持一物，左臂自然下垂，手提帔帛。下身着裙，系带下垂，双腿风化严重。残高118、像宽42厘米（图53）。

图53　佳县龙泉寺石窟第4窟后壁左侧菩萨像

在龙泉寺石窟第4窟的地面，左右各有1尊明代风格的天王像。此为左尊天王像。头佚。身着人字形护甲，披战袍，双手置于腹前，手拄宝剑。天王像残高115、像宽62厘米（图54）。

图54 佳县龙泉寺石窟第4窟天王像

图55 佳县龙泉寺石窟第4窟后壁阜昌年题记

第4窟后壁的第2方、第3方题刻，记有开窟缘由、开窟功德主，并且记载开窟时间在阜昌丙辰岁，即阜昌六年（1136年）。

题记1录文如下（图55）：“岚州合河县怀远乡穀地谷李宣，自兵戈累年，全家无虞，谨发虔诚，充都维那，命匠创修石佛一会，建造堂宇，伏愿国泰民安，合家康裕。李宣，男李宗、李琮，侄男李受，孙男李琦，三哥，李宣妻刘氏，新妇温氏、高氏、王氏。阜昌丙辰岁七月七夕日记。”

题记2录文如下（图56）：“隰州石楼县龙台乡□□村高亨，为时岁艰难□□□河寨地分居住二十余□□□金混荡，已得逃生，愿□□□那，伏愿合家安乐，同曾（增）福利。副维那高亨、妻张氏，弟高准、妻孙氏，随施李义，男僧奇、黑子，合家安乐。”

图56 佳县龙泉寺石窟第4窟后壁高亨题记

## 3.龙兴寺石窟

开凿于元皇庆二年（1313年），位于神木市神木镇解家堡办事处刘家畔村东南的圪垯墕西侧断崖上。题记位于龙兴寺石窟第1窟左壁，阴刻（图57）。宽44、高62厘米。录文如下："龙兴寺于大元国大德六年（1302年）二月十四日，□□修建东南石洞，于（与）寺庙同时开工，后历□□□战事不断，时修时停，□计石洞修造长□十五年之久，寺庙修十年四个月十五天，因故□四月十五日遇会三天，以纪食盐一项二十三石余。大元国皇庆二年（1313年）壬子吉日，石刻葭州周将仁。"

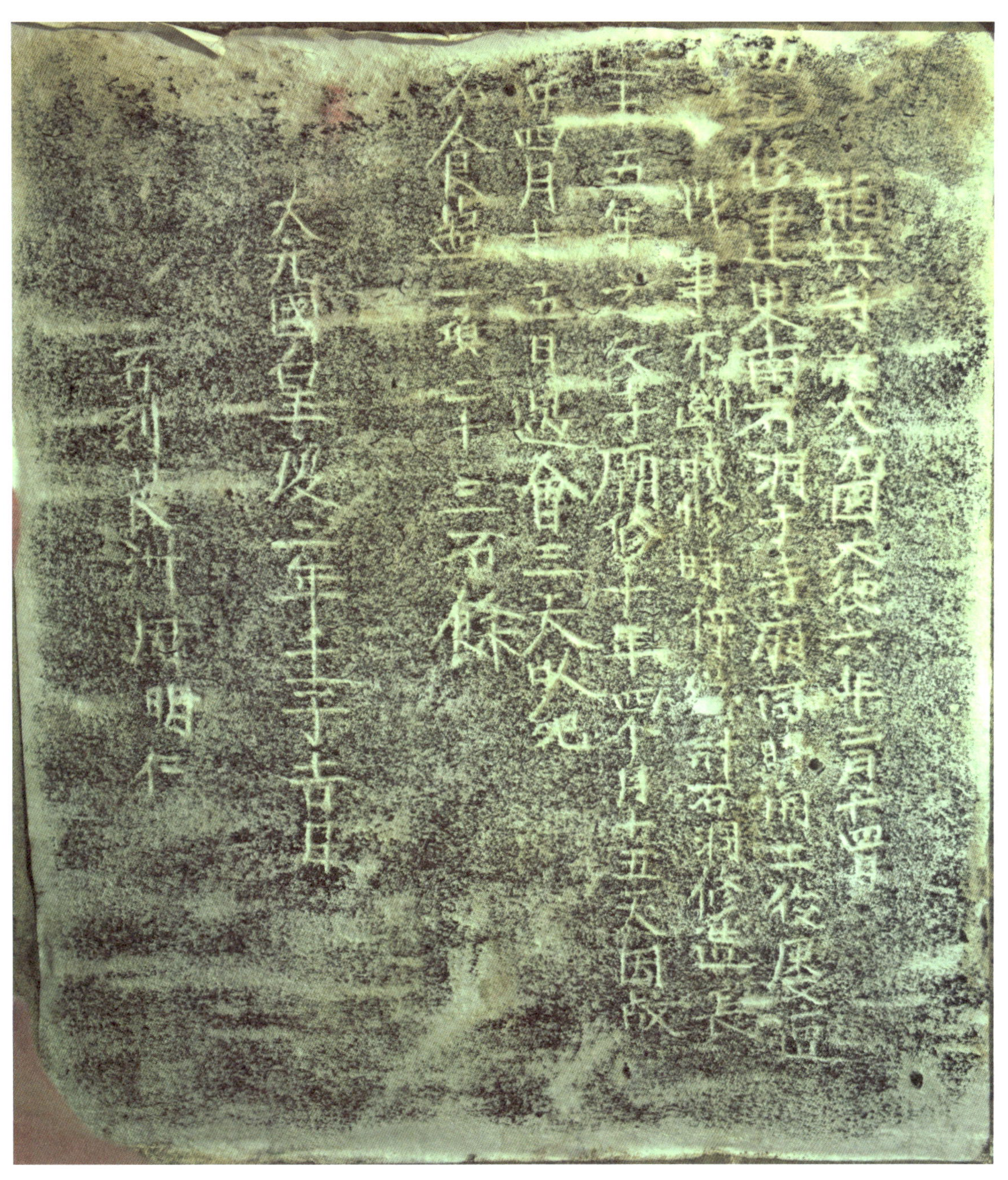

图57 龙兴寺石窟第1窟皇庆二年题记（拓片）

## 4.老君神石窟

位于绥德县田庄镇紫柏湾村东牛毛石刻山东北侧山顶，北临淮宁河。在石窟内发现了元至正元年（1341年）的石刻题记。题记位于窟内右壁，阴刻行书。宽50、高55厘米。录文如下（图58）：

待诏/胡选门人□□。/大元国陕西延路绥德州永和村□住，/重修老君神三尊众社人等：/功德地主人前社长杜迁、赵彦礼、田仲德，/副功德主前里正王良，/礼首郭仁甫、赵君文、刘文政、王君仁，/都礼首见社长王友、师彦英、光仲友，/施财人黄彦才、王元、吴万、吴彦友，/老君人师德政、王彦才、师彦温、师彦□，/功匠人提银曹福、赵彦英，/至正元年五月。

图58 老君神石窟至正元年题记

## 5.鱼头寺石窟

北宋时期。在靖边县小河乡前河村谢家湾村西侧、南侧的崖体上。鱼头寺石窟第1窟的时代为北宋时期，后壁高浮雕三佛二弟子，造像局部残失，后用泥补塑（图59）。

中间佛像的腿部以上均为新近补塑，仅可见佛像结跏趺坐于束腰须弥座承托的三层仰莲座上。通高114、像高62、像宽36厘米。右侧佛像头佚，后补，身着双领下垂袈裟，有覆肩衣，双手施禅定印，结跏趺坐于束腰须弥座承托的三层仰莲座上。通高113、像高60、像宽36厘米。左侧佛像为近年补塑，仅可见坐于束腰须弥座承托的三层仰莲座上。通高111、像高60、像宽35厘米。

三佛的左右两侧各立一弟子。均为头残后补，双手合十，身着交领长袍，双足着靴，站立于双层仰莲台上。右侧弟子通高75、像高55、像宽19厘米，左侧弟子通高77、像高57、像宽20厘米。

图59 鱼头寺石窟第1窟后壁

鱼头寺石窟第1窟的右壁前部残存双层晚期壁画（图60）。里层菩萨像，头戴宝冠，弯眉，长目，高鼻，小嘴，面庞丰满。外层壁画，弯眉慈目，高鼻，小嘴，面容安详，穿着腰裙和长袍，长袍施有蓝彩。

图60 鱼头寺石窟第1窟右壁壁画

第1窟的时代为北宋时期，右壁高浮雕普贤菩萨，头残后补。身着通肩袈裟，衣褶呈U形，结跏趺坐于束腰须弥座承托的三层仰莲台之上，须弥座正面高浮雕白象。通高84、像高40、像宽24厘米（图61）。

图61 鱼头寺石窟第1窟右壁普贤菩萨像

第1窟的左壁后部高浮雕文殊菩萨，头残后补。身着通肩袈裟，衣褶呈U形，结跏趺坐于束腰须弥座承托的三层仰莲台之上，须弥座正面高浮雕青狮。通高86、像高42、像宽25厘米（图62）。

图62　鱼头寺石窟第1窟左壁文殊菩萨像

第1窟的左壁前部高浮雕山石龛，在龛内高浮雕自在坐观音，观音的头及双臂均为后补。身着天衣，胸饰璎珞，小腹微鼓，裙腰外露，系带，右手搭于右膝，左手支于台座，舒坐在台座上。通高85、像高85、像宽28厘米（图63）。

图63 鱼头寺石窟第1窟左壁自在坐观音像

## 6. 红门寺石窟

北宋。在横山区塔湾镇塔湾村西南的芦河东岸的响铃塔下（图64）。下面主要介绍第4窑至6窟（图65）。

图64 红门寺石窟第4窟、第5窟外景

图65 红门寺石窟第4窟左壁佛像

红门寺石窟第4窟的时代为北宋时期，方形窟，后壁高浮雕3尊佛像（图66）。中间主尊，头残，着双领下垂式袈裟，右手结禅定印，左手降魔印，结跏趺坐于仰莲座上。通高129、像高98、像宽71厘米。右侧佛像头残，着双领下垂式袈裟，双手结禅定印，结跏趺坐于台座上，台座已残毁。像高120、像宽68厘米。左侧佛像头残，右侧手肘部位有1圆形柱洞，应为补塑时留下的，其左臂自然下垂，手置膝上，倚坐于方形座上。通高133、像宽52厘米。三佛均经后代用泥补塑。

红门寺石窟第5窟的时代为北宋时期，后壁设坛窟，高浮雕3尊像（图67）。中间为佛像，高肉髻，右手施降魔印，左手施禅定印，结跏趺坐于束腰须弥座承托的三层仰莲台上。通高195、像高103、像宽61厘米。右侧为1尊站像，经后代重修，而且风化严重，原貌不详。高183、宽44厘米。左侧为佛像，着右袒袈裟，双手结禅定印，结跏趺坐于方座承托的三层仰莲坐上。通高195、像高98、像宽59厘米。三尊造像均经后代用泥补塑。

图66 红门寺石窟第4窟右壁佛像

图67 红门寺石窟第5窟正壁佛像

红门寺石窟第6窟的时代为北宋，在后壁设有坛窟，高浮雕释迦涅槃像，风化严重（图68）。释迦佛右胁而卧，头枕方形枕，枕头侧面浮雕莲花。尸床正面中央浮雕一对骏马，相向而立，中间为折枝莲花。佛祖头部一侧为佛母摩耶夫人，脚部一侧有抚佛足的弟子迦叶，其余8名弟子分列于佛祖身后及两侧，皆呈悲泣状，均风化严重。佛像通高150、像宽32厘米，弟子像高32～66、宽17～34厘米。造像均经后代用泥补塑。

图68 红门寺石窟第6窟涅槃像

# 第四章　明清至民国时期的石窟造像艺术

明太祖朱元璋曾经剃度为僧，建立明王朝后，他采取“以儒为主，佛道为辅”的统治政策，对佛教既限制又利用，建立了全面有效的佛教管理体制，同时整顿佛教，革除弊端，使佛教焕然一新。明成祖朱棣延续了对佛教既大力保护又严格限制的政策。成祖以后，明朝历代帝王，除了明世宗嘉靖皇帝信奉道教、排斥佛教外，其余大都奉行佛教。明武宗继位之初，曾在一天之内“度僧道四万人”。明神宗更称佛教能“化导善类，觉悟群迷，护国佑民”。由于帝王的推崇，明代佛教获得了极大的发展。清朝基本延续了明代的佛教政策。到了清晚期，国势衰落，在内忧外患的共同影响下，传统佛教日渐衰微。

## 一、石窟发展的几个阶段

明代是榆林石窟发展的顶峰时期，开窟非常普遍，目前保存下来的约有300处，每处石窟群少则一二窟，多则数十窟，无论是规模还是数量都很大。清及民国时期，榆林石窟走向衰落，开窟很少，多是对前代石窟的重修。

具体而言，这一时期榆林石窟的兴衰与榆林地区边防地位的升降紧密相关。明代的榆林石窟大致可分为三个阶段：成化之前为早期，成化到万历时期为中期，万历以后为晚期。

明代早期，榆林开窟数量依旧较少。明朝最大的外敌就是残元势力，所以从明太祖开始，就对蒙古残余势力采取既通好又防侵扰的政策，在长城以北设立大宁卫、开平卫、东胜卫，在东胜沿阴山、黄河北一线建立许多军事据点，均是为了防止蒙古人南侵。经过洪武、永乐两朝的一系列军事举措，蒙古势力已经退至阴山以北的漠北地区。所以在明代早期，榆林地区并非边境要冲，社会稳定，属于经济恢复期。榆林地区受到社会和自然两方面条件的限制，经济很难在短期内得到恢复，这或许正是榆林在明代早期开窟较少的原因。

明代早期的石窟多为中小型洞窟。在窟形上，以后壁设坛窟为常见形式，另有少数是三壁设坛或四壁设坛窟。石窟内多为平素顶，不做任何装饰；少数窟顶中央高浮雕覆莲镜心。窟口多采用传统的竖长方形式，一般不做装饰。

到了明代中期，榆林的石窟开凿呈现出井喷式发展，无论是开窟数量还是规模均前所未有，这同样与当时榆林地区的政治、军事活动有密切关系。在经历了洪武到宣德五朝的安定之后，正统初年，朝廷舍弃东胜而守绥德，蒙古势力遂不断入侵河套地区，榆林被逐步推向战争的前沿，该地区成了明朝西北部防御蒙古入侵的重中之重。朝廷采取了一系列的政治、军事措施，例如实边军民持续到达榆林境内，修筑墩台、长城等军事防御体系，茶马互市等，使得大量的人力、物力和财力从各地源源不断地输送而来。加上中央王朝对边区民众的宗教信仰采取了某种鼓励态度，促使明代中期以后，榆林地区的石窟开凿呈现出前所未有的繁荣景象。

明代中期，在榆林地区出现了不少大规模的洞窟营建活动。例如位于榆林红石峡的雄山寺石窟，目前保存下来的洞窟有34座，其中绝大部分开凿于明代中期，而且不乏规模宏大者。洞窟形制以三壁设坛窟、四壁设坛窟为主，出现了不少大型和超大型洞窟。这一时期，在正壁坛基前面多设有石供桌，供桌和坛基正面大多浮雕呈棋格状排列的花卉和祥禽瑞兽图案。窟顶多有较大的圆形八卦藻井、平棋藻井，仍以花卉和祥禽瑞兽为主要题材。窟口为方形，多浮雕有装饰图案，一般雕刻莲花纹和祥禽瑞兽纹，门楣上多雕饰一对门簪。较为简陋的石窟，采用整齐的几何凿痕进行修饰；个别石窟，整个门面皆采用高浮雕仿木建筑样式。

明代晚期，朝廷对西北的支持力度逐年降低，榆林地区的繁荣一去不返。受其影响，这一时期的榆林石窟也趋于衰落，开窟数量逐渐减少，窟室空间渐趋缩小，大型洞窟消失。在洞窟形制上，以三壁设坛窟、后壁设坛窟为主，四壁设坛窟几乎消失，同时出现了个别类似于窑洞的拱券顶洞窟。窟内石供桌和坛基正面的浮雕逐渐简化，窟顶的藻井越来越简单，甚至消失。窟口多为方形，少数窟口是圆拱形，窟口装饰逐渐减少。

清代的榆林地区已非冲要，所以开窟较少，以对早期洞窟的重修为主。明代多为石质圆雕造像，清代则以泥塑为主。明代洞窟的四壁、窟顶、坛基正面多有浮雕造像和图案，清代则以绘画代替，浮雕极少。这种变化在很大程度上与当地经济的衰退有关。民国时期，榆林石窟延续了清代的特点，没有太大发展。

清代榆林石窟的一大特色就是出现了藏传佛教洞窟。内蒙古鄂尔多斯地区与陕西榆林府谷县、神木市临近，自蒙元以降，当地的蒙古族民众世代信仰藏传佛教，鄂尔多斯地区盛行的藏传佛教也传到了毗邻的榆林境内。目前在榆林共发现4处藏传佛教洞窟，分布于府谷、神木，崖壁上刻有梵文、藏文、蒙古文的六字真言以及咒语。可惜这些洞窟保存较差，造像壁画残毁严重，只有府谷石窑沟石窟第1窟保存相对较好。

## 二、石窟的造像题材

明清至民国时期的榆林石窟，常见的造像题材包括三佛、骑狮文殊与乘象普贤、自在坐观音、十六罗汉（或者十八罗汉）、地藏十王等，是对宋元时期陕北石窟题材的继承和发展。例如，药王、土地、西游记故事、儒释道三尊像等造像题材在宋元时期已经出现于陕北石窟，在明代变得更加流行和普遍。

与此同时，明清至民国时期的石窟造像及壁画题材也呈现新的特点。首先，释道儒融合现象较为普遍，往往是一处石窟寺内或者一座石窟中，同时出现释道儒三教的造像或壁画。老子像、孔子像、五龙神、八仙、福禄寿、三清像、三官像、真武大帝、二十八星宿等道儒题材，常见于佛教石窟中。但是，在这些三教合一的洞窟中，始终是以佛教内容为主导，表现出扬佛而抑道儒的特点。这种情况的出现，反映了明代佛教徒三教合一理论的盛行。明代高僧元贤以教必归理的宗教观论证了三教一理说，拉开了明代三教合一思想的序幕；而明代四大高僧袾宏、真可、德清、智旭则共同倡导三教同源论，把这一理论推向高峰。明代佛教徒所阐述的三教合一论，明显表现出扬佛而抑儒道的特点，将佛教置于这一体系的核心，这与榆林石窟造像中的三教合一现象相符，具有鲜明的时代特征。

其次，民间信仰的神祇大量走进佛教石窟寺，成为与佛、菩萨、罗汉等佛教固有神祇尊格相差无几的信仰对象。民间信仰与佛教早有联系，宋元甚至更早时期，风雨雷电神、土地神等一些民间神祇已经进入佛教石窟寺。但是明代以前，佛教石窟寺中的民间神祇不但数量少，而且神格较低，一般都被安放在窟外或者窟内次要的位置。从明朝开始，民间神祇大量出现于石窟造像以及壁画中，成为佛教僧众礼拜、信仰的对象，这也是民间信仰佛教化的标志。

榆林石窟中所见的民间信仰的神祇主要有三类：第一类是以民间神祇的形式进入佛教体系，成为佛教的护法神，例如关帝、土地、山神；第二类是历史先贤、地方名人，例如药王、五女祠石窟中的五女像；第三类是有恩惠于寺院的士绅居士，例如悬空寺第2窟右屏柱正面的老者像。在这三类中，以第一类神祇出现最多。这些被融入佛教的民间神祇受到佛教徒的礼拜，在佛教徒心目中就是佛教神，不再是单纯的民间神祇；但是在民间，这些神灵依旧保留了民间信仰的痕迹，是佛教与民间信仰的混合体，民间信仰的因素要大于佛教。这些不同信仰体系下的神祇或被单独供奉，或者混杂在一起供奉，体现了下层民众信仰的多元性与功利性。

再次，藏传佛教的传入给榆林石窟带来了新的风格和元素，出现了一些汉藏风格相融合的石窟造像、壁画以及佛塔。

## 三、石窟的施主和工匠

从题记、碑刻来看，榆林地区明清至民国时期石窟施主（即出资营造或重修者）的身份，大致分为家族施主、结社施主、官宦施主、官民施主四种。

家族施主大多是当地百姓，由家族长者牵头，两代或者三代人共同参与，也有个人开窟造像或者重修石窟。除了本地的施主，还有个别来自山西大同和太原、陕西西安等周边地区的施主，在这里修功德。家族施主所开的洞窟以中小型窟为主。开凿和重修石窟的目的多种多样，或是祈求阖家安乐，或是保佑子孙后代，或是丰年家庆，或是消灾免难，或者祈愿“黄图巩固，地□遐昌，狼烟永息，胡马远方，边疆宁谧，化凶为祥，岁岁丰稔，岁岁安康”。

结社施主是指不同姓氏的人共同出资开凿和重修石窟，以当地百姓为主，个别的人来自周边地区。施主数量从数人到数十人不等，他们往往形成一定的结社组织，推选出“会首”或者“功德会首”“总经理会首”，由他们来安排整个石窟的开凿活动。这类石窟规模不一，小、中、大型石窟皆有。祈愿内容主要是祈福消灾：“普救万民，永保安康”；“风调雨顺，天下丰稔”；“合属家眷增福延寿，长福消灾，四恩普报，三宥均资，法界有情同登彼岸”。

官宦施主既有来自中央的达官显贵，也有地方大员或者当地的中下级官吏，还包括普通士兵，多人集体出资，或与家族成员一起出资，或以个人身份出资开凿或重修石窟。由官宦牵头开凿的石窟，可以募集到更多的资金，所以这类石窟一般规模较大，而且雕刻精美。发愿文大多强调天下太平：“皇图永固，帝道遐昌，佛日增辉，法轮常转”。

官民施主中，民众施主大部分为当地百姓，也有来自山西等周边地区者，官宦施主的身份同样比较多样。这类洞窟的规模一般比较大。祈愿内容既有祈求天下太平、禄位高升的，也有祈愿风调雨顺、阖家安康的。

明代中期以后，榆林地区的石窟开凿呈现出了前所未有的繁荣景象。这一时期来到榆林的主要有官宦、兵将、商人等，其中有相当一部分人参与了榆林石窟的营建，从而将不同地域的文化和艺术风格带到榆林，融入他们所出资开凿的石窟。

榆林石窟所用的工匠（主要指石匠和画匠），以本土工匠为主，也有不少来自周边的山西、陕西关中一带。从碑刻和题记来看，有“石州青龙东都石匠贺得广、男贺□□、贺□□、男贺子俊”，“白水县石匠王淮、冯会”，“白水县石匠杨顺、杨崇、杨恁”，“本州岛石匠形寘、男形□、张淮、形公、形□，丹青形守义、男□”，“宜川县降仙里石匠张交、张□□、张口、张益”，“石匠河津县高招财”，“画匠河邑柳开阳”，等等。

有趣的是，外来工匠大多出现于明代中期，而在明代早期和晚期、清代、民国时期很少见到，或许是因为明代中期榆林开窟兴盛，本土工匠数量有限，难以满足当地的开窟需求，故而吸引了周边地区的工匠前来。这些外来工匠中，以白水县石匠最多，值得关注。来自不同地区的工匠为榆林石窟注入了新的内容，带来了新的风格，所以，榆林明代石窟的内容较为多样，且有不少高水平的造像和壁画，具有明显的时代特征。

清代至民国时期，榆林失去了作为边防要塞的军事战略地位，加之长期的灾荒和战乱，使得榆林再次走向衰落，石窟的功德主和工匠均以本地民众为主。这一时期很少新开洞窟，多是对前代石窟的重修重绘。此时的榆林石窟，具有创新性和较高艺术水平的内容较少。

下面介绍具体石窟。

## 1.宝红寺石窟

在神木市万镇老刘国忠村西南的寺河梁南侧崖壁上，单窟时代为明英宗天顺二年（1458年）。坛基上有4尊石像，从右向左依次编为第1～4尊造像（图69、图70）。

第1尊是菩萨造像，疑为普贤菩萨。头戴花冠，弯眉，双目微闭，高鼻小嘴，发辫搭于双肩，斜披络腋，有帔帛，胸饰璎珞，双手托莲花，莲花上置经册，结跏趺坐，神态安详，端庄肃穆。可见彩绘残痕。高95、宽55厘米。

第2尊是佛造像。螺髻，有髻珠，弯眉，双目微闭，高鼻小嘴，项有三道，着覆肩袒右袈裟，裙腰外露，双手施禅定印，并托一物，结跏趺坐。高102、宽60厘米。

第3尊是佛造像。螺髻，有髻珠，弯眉，双目微闭，高鼻小嘴，项有三道，着覆肩袒右袈裟，裙腰外露，右手施降魔印，左手施禅定印，结跏趺坐。高104、宽63厘米。

第4尊是菩萨造像，疑为观音菩萨。头戴花冠，弯眉，双目微闭，高鼻小嘴，发辫搭于双肩，斜披络腋，有帔帛，胸饰璎珞，左手持净瓶置于左膝，右手半握置于右膝上，结跏趺坐。可见彩绘残痕。高94、宽52厘米。

图69 宝红寺石窟后壁造像线描图

图70 宝红寺石窟后壁造像

## 2.高家堡龙泉寺石窟

在神木市高家堡镇乔岔滩办事处贺杏峁村西南的卢峁峁山脚下，南临龙泉寺沟。

高家堡龙泉寺石窟第2窟的时代为明武宗正德三年（1508年），后壁用水泥抹平，新绘背光。坛基上有一体凿成的长方形须弥座，须弥座上雕刻三佛（图71）。

图71 高家堡龙泉寺石窟第2窟

龙泉寺石窟第2窟的右壁分为上下两部分，其中上层有8尊可移动的石雕佛像，下层有7尊石雕佛像。除了下排右起第2尊，均经现代彩绘（图72）。

龙泉寺石窟第2窟的左壁与右壁相似，也分为上下两部分。其中上层有8尊石雕佛像，下层有7尊石雕佛像。除了下排左起第2尊，均经现代彩绘（图73）。

图72 高家堡龙泉寺石窟第2窟右壁

图73 高家堡龙泉寺石窟第2窟左壁

## 3.郄家川石窟

在神木市万镇郄家川村东面的佛泉山南侧的断崖上，单窟年代为明世宗嘉靖二十二年（1543年）。石窟后壁有明代嘉靖二十二年的泥塑，为“西方三圣”（图74）。榆林地区的明代造像中，泥塑造像较为少见。这组雕塑的制作水平高超，人物形象写实，因为地处偏僻得以保存。

图74 郄家川石窟泥塑造像

图75　郄家川石窟正壁泥塑造像

后壁塑阿弥陀佛与双观音像（图75）。主尊阿弥陀佛，高肉髻，白毫，弯眉慈目，高鼻小嘴，双耳垂肩，身披袈裟，双手施禅定印，托钵，结跏趺坐，身后还塑有花卉背光，背光中部为迦楼罗。

右侧观音菩萨，束冠，白毫，弯眉慈目，高鼻小嘴，双耳垂肩，项饰瓔珞，右手施说法印，左手施禅定印，结跏趺坐。

左侧观音菩萨，束冠，白毫，弯眉慈目，高鼻小嘴，双耳垂肩，项饰瓔珞，舒相坐，右手置于右膝，左手置于左腿左侧。

左、右壁泥塑十殿阎君（图76、图77），均头戴冠，身着通体长袍，倚坐，着靴，神情不同，手势各异。此外，右壁前部有一尊倚坐关帝，左壁前部有一尊倚坐药王。人物比例协调，形象逼真，服饰花纹雕塑细腻。

图76 郄家川石窟右壁泥塑造像

图77 郄家川石窟左壁泥塑造像

## 4.佛堂寺石窟

在佳县朱家坬镇崖畔村东南的寺脑畔东崖壁上，其中第5窟的时代为明宪宗成化十四年（1478年）。第5窟为后壁设坛窟，窟内有三佛二菩萨二侍者（图78）。后壁三佛，原有彩绘，现残余局部，头部为新粘接。右壁坛基上供奉普贤菩萨和一尊站立侍者，左壁坛基上供奉文殊菩萨和一尊站立侍者。

图78 佛堂寺石窟第5窟全景

第5窟右壁坛基上供奉普贤菩萨和一尊站立侍者（图79）。普贤菩萨原有彩绘，部分已剥落，头部为新粘接。高发髻，戴宝冠，双目微闭，鼻残，小嘴，双耳垂肩，上身着双领下垂式袈裟，胸饰璎珞，下身着裙，裙腰外露，右手抬至腹间，手略残，左手结禅定印，结跏趺坐于三层仰莲台上，裙角搭于莲台正面。莲台向下内收，略呈漏斗形，其下站立白象，白象俯首垂耳，背覆泥障。通高200、像高102、像宽69厘米。

站立侍者原有彩绘，多已剥落，头部为新粘接。发髻顶部残，头戴宝冠，双目微闭，高鼻梁，双耳垂肩，上身着右衽袈裟，有覆肩衣，遍身饰璎珞，双手置于胸腹间，似托一物，双手残，下身着裙，跣足立于仰莲台之上，莲台下承方台座。通高148、像高123、像宽52厘米。

图79　佛堂寺石窟第5窟右壁普贤菩萨像

第5窟左壁坛基上供奉文殊菩萨和一尊站立侍者（图80）。文殊菩萨原有彩绘，部分已剥落，头部为新粘接。高发髻，头戴宝冠，双目微闭，高鼻梁，小嘴，双耳垂肩，上身着双领下垂式袈裟，胸饰璎珞，下身着裙，右臂自然下垂，左手似托一物，结跏趺坐于三层仰莲台之上，裙角搭于莲台正面。莲台向下内收，略呈漏斗形，其下站立青狮，昂首右视，背覆泥障。通高200、像高85、像宽70厘米。

站立侍者有彩绘，头部断裂。发髻及宝冠残毁，双目微闭，鼻残，双耳垂肩，上身着右衽袈裟，有覆肩衣，遍身饰璎珞，双手托一物，下身着裙，跣足，立于仰莲台之上，莲台下承方台座。通高144、像高119、像宽46厘米。

图80　佛堂寺石窟第5窟左壁文殊菩萨像

第5窟的地坪置有一尊土地公像，端坐在石台上。头戴高冠，方面，大耳，长须，双目下视，神态安详。身穿官服，腰系绳结。双手放于大腿之上，右手外露，左手置于袖内。像高113、像宽57、台座高13厘米（图81）。

图81 佛堂寺石窟第5窟土地公像

## 5.惠岩寺石窟

明代。在佳县朱家坬镇武家峁村东的寺湾盖东壁上，东临黄河。惠岩寺石窟后壁有三尊造像，为一佛二菩萨，头部均为新补（图82）。

中间阿弥陀佛，身着覆肩袒右式袈裟，有覆肩衣，下身着裙，裙腰外露，右手施降魔印，左手结禅定印，结跏趺坐在由多折角束腰须弥座承托的束腰仰覆莲台上。像高110、像宽80厘米。

右侧大势至菩萨，头佚后补，上身内着僧祇支，外裹大袖袈裟，有覆肩衣，胸饰瓔珞，下身着裙，左手结禅定印，右手上抬至右胸，手已残，结跏趺坐在由多折角束腰须弥座承托的束腰仰覆莲台上，像高114、像宽75厘米。

左侧为观音菩萨，上身着大袖袈裟，双领下垂，有覆肩衣，胸饰瓔珞，下身着裙，左手结禅定印，右手搭在右膝上，手持一串佛珠，呈自在坐，坐在由多折角束腰须弥座承托的束腰仰覆莲台上，像高127、像宽47厘米。

图82　惠岩寺石窟后壁

## 6.米脂万佛洞石窟

在米脂县银洲镇王沙沟新村与旧村之间的朱山西崖壁上，西临无定河，又名“王沙沟石窟”。

第11窟为明代所建，双中心柱后壁设坛窟，宽1012、高450、深1150厘米（图83）。平顶，顶部有两幅平棋和两幅圆形藻井（关于藻井，本书第六章有专门介绍）。石窟中央有两根方柱。后壁坛基上有圆雕三佛二菩萨二弟子像。后壁、右壁、左壁、前壁和立柱均浮雕众多小佛像，题材以万佛为主，也有地藏十王、千眼观音、自在观音、儒释道三尊、关帝、药王诊龙等题材。该窟是榆林地区少见的官方开凿的大型石窟之一。

图83 米脂万佛洞石窟第11窟全景

## 7.观音庙石窟

在靖边县小河镇前河村芦洞湾自然村的观音庙圪堵西南侧的半山腰上，单窟时代为明代。在观音庙石窟的右壁和左壁基坛上，高浮雕十六罗汉。罗汉形象举止各异，神态惟妙惟肖，雕刻手法精练（图84～图87）。

图84 观音庙石窟右壁罗汉像线描图

图85 观音庙石窟左壁罗汉像线描图

图86 观音庙石窟右壁罗汉像

图87 观音庙石窟左壁罗汉像

## 8.梵则寺石窟

明代。在横山区武镇王台村顶天山的西侧壁，西临寺渠沟。下面介绍梵则寺石窟的佛造像和菩萨造像。

梵则寺石窟的石雕佛像（图88），头佚，上身着对襟袈裟，有覆肩衣，下身着裙，腰裙外露，双手施禅定印，手上托物，结跏趺坐于仰莲座上。莲座已风化，莲瓣饱满宽大。通高60、像高50、像宽52厘米。

图88　梵则寺石窟佛造像

梵则寺石窟的石雕菩萨像（图89），头佚，胸饰璎珞，上身着对襟袈裟，天衣绕肩披垂，下身着裙，裙腰外露，腰带前面系结。左手置于腹前托如意，右臂上扬，手已残，如意头残失，结跏趺坐于仰莲座上。莲瓣饱满宽大，通高74、像高56、像宽64厘米。

图89 梵则寺石窟菩萨造像

## 9.房家崖石窟

明代。在榆阳区大河塔镇安崖办事处房家崖村寨峁山的西侧崖壁。

房家崖石窟的佛造像（图90），头佚，着双领下垂袈裟，有覆肩衣，裙腰外露，右手施降魔印，左手施禅定印，结跏趺坐。通高50、宽55厘米。

图90 房家崖石窟佛造像

## 10.郝家坬石窟

明代。在榆阳区青云镇青云村郝家坬自然村东侧的李家山东南面的崖壁上。

郝家坬石窟的石佛像，头佚后用水泥补塑。身着对襟袈裟，有覆肩衣，裙腰外露，袈裟包膝，右手残后新补，左手施降魔印，结跏趺坐于仰莲座上。通高125、像残高68、像宽68厘米，莲座宽68、高24厘米（图91）。

图91 郝家坬石窟佛造像

## 11. 高家堡万佛洞石窟

在神木市高家堡镇高家堡村东的老爷庙圪垯南侧的崖壁上。万佛洞石窟第4窟的开凿年代是明武宗正德元年（1506年）。

高家堡万佛洞第4窟是超大型洞窟，四壁设坛，洞窟平面呈方形，宽10.13、进深11.13、高6.54米（图92）。该窟四壁坛基上原本均有高大的圆雕造像，惜已毁，仅存部分台座，造像题材可能是一佛二菩萨（或三佛）和十二圆觉菩萨像。四壁造像以千佛为主。窟顶有仿木藻井，藻井内浮雕有精美的佛教故事。

图92 高家堡万佛洞石窟第4窟全景

## 12.黑家圪坻石窟

始建于明代。在神木市神木镇解家堡办事处黑家圪坻村东南的罗汉峁南侧，南临罗汉窑坬沟。

黑家圪坻石窟后壁的泥塑祖师像，头已残失。身着长袍，双臂下垂，右臂下垂，左臂屈肘，双手均残，双腿自然下垂，倚坐于基坛上（图93）。

图93 黑家圪坻石窟后壁泥塑像

## 13. 华岩寺石窟

明代。在榆阳区上盐湾镇姬家坡村中寺平峁西侧的崖壁上，西临无定河。

华岩寺石窟的佛造像，头佚新塑。上身着袒右袈裟，有覆肩衣，百褶腰裙外露，右手施降魔印，左手施禅定印，结跏趺坐于仰覆莲座之上，莲座下补修须弥座。通高213、像高131、宽88厘米（图94）。

图94 华岩寺石窟佛造像线描图

## 14.楼家坪石窟

明代。在佳县乌镇楼家坪村的寺好峁东崖壁，位于较为突出的崖嘴东壁上。

楼家坪石窟佛造像，头佚后补。双领下垂式袈裟，有覆肩衣，内着僧祇支，下身着裙，裙腰外露，腰系裙带，裙带在腹前打双环结，带头下垂。左臂自然下垂，左手搭于左膝，右手佚，后补泥塑，施无畏印，结跏趺坐于双层仰莲台上，莲台下承须弥座。通高153、像残高112、像宽77厘米（图95）。

图95 楼家坪石窟佛造像

## 15.罗汉岩石窟

明代。在神木市神木镇高家塔村东北的罗汉岩山上，窟前是从内蒙古流经陕西、在神木注入黄河的窟野河。

罗汉岩石窟1号龛的右侧为一浮雕图案，中央浮雕一佛二菩萨二天王像，佛像上方云端还有6尊眷属人物（图96）。

主尊佛像有圆形头光和身光，高肉髻，有髻珠，闭目，弯眉，高鼻梁，小嘴，着双领下垂袈裟，外有覆肩衣，双手施禅定印，结跏趺坐于须弥仰莲座上。两侧菩萨均有圆形头光和身光，头戴宝冠，闭目，着双领下垂袈裟，有覆肩衣，双手施禅定印，结跏趺坐于须弥仰莲座上。两侧弟子均

有头光，头戴兜鍪，圆脸，闭目，着长袍，双手置于胸前，腰系带，跣足而立。

主尊上方中间是4尊天王，有头光，高发髻，圆脸，着交领长袍，下半身藏于祥云之中。两侧还各有1尊弟子，有圆形头光，着右衽袈裟，下半身藏于祥云中，其中右侧弟子双手拱于胸前，左侧弟子双手合十。

在中央浮雕群的右侧，浅浮雕1尊造像，身体略微侧向主尊佛像。有圆形头光和身光，头戴高冠，弯眉闭目，着双领下垂袈裟，袖手，结跏趺坐于台座上。

这组浮雕图案的正下方还有1方题刻。在题刻的右侧浮雕2个站立的供养人，二人似在交谈。其中左侧人物头戴双翎圆帽，身着圆领长袍，左手下垂，右手抚腰带，转身朝向旁边之人；右侧人物头戴直角幞头，蓄长髯，着圆领长袍，双手放在腹前腰带上。

图96 罗汉岩石窟1号龛

图97　罗汉岩石窟第1窟后壁三佛二菩萨像

罗汉岩石窟第1窟的后壁有三佛二菩萨像，为明代泥塑（图97）。三佛的头部均已残失，背后均有泥塑背光。背光的外沿为火焰，残失严重，背光上部有迦楼罗，中部装饰缠枝花卉和二龙。

中间主尊佛像着袒右袈裟，有覆肩衣，双手置于胸前，两手带腕钏，结跏趺坐于束腰须弥仰覆莲座上。通高124、像高66、像宽72厘米。

右侧佛像着袒右袈裟，有覆肩衣，右手施无畏印，手指残，左手施降魔印，结跏趺坐于束腰须弥座承托的仰覆莲座上，须弥座风化严重。通高97、像高66、像宽72厘米。

左侧佛像着袒右袈裟，有覆肩衣，右手上扬，左臂下垂，两手残失，结跏趺坐于束腰须弥座承托的仰覆莲座上，须弥座风化严重。通高97、像高66、像宽72厘米。

三佛右侧的菩萨像，头部残失，身着双领下垂袈裟，有覆肩衣，胸前饰璎珞，双臂下垂，右臂上扬，左臂前屈，双手均残，结跏趺坐于束腰须弥座承托的仰覆莲座上，须弥座残损。通高64、像高51、像宽66厘米。

三佛左侧的菩萨像，头部残失，身着双领下垂袈裟，有覆肩衣，胸前饰璎珞，右臂前伸，左臂上扬，双手均残，结跏趺坐于束腰须弥座承托的仰覆莲座上。通高80、像高51、像宽66厘米。

罗汉岩石窟第1窟的前壁残存明代正德年间的壁画，绘有佛传故事，颜料以褐、绿、黑、红为主色调。本书第五章有专文介绍。

罗汉岩石窟第1窟窟口两侧的坛基上各有3尊罗汉，从右向左依次编为第1～6号罗汉（图98）。右壁第1尊罗汉弯眉鼓目，着交领长袍，左肩有袈裟穿环，双臂下垂，右臂前屈，左臂内屈，双手均残，倚坐。像高96、宽42厘米（图99）。第2尊罗汉弯眉笑目，张嘴露齿，着交领长袍，左肩有袈裟穿环，右臂前置于右膝，左手施降魔印，舒坐。像高78、宽50厘米。第3尊罗汉表情愤怒，着袒右袈裟，右手托钵，左臂下垂置于左腿，半结跏趺坐，足已残失。像高97、宽54厘米。第4尊罗汉着袒右袈裟，左肩有袈裟穿环，双臂下垂，小臂内屈，手残失，右臂泥块脱落，露出木胎，倚坐。像高89、宽40厘米。第5尊罗汉头佚，着披风，袖手，结跏趺坐。像高72、宽44厘米。第6尊罗汉挑眉横目，着交领长袍，双臂下垂，右手持袈裟，交脚。像高78、宽36厘米。

在罗汉岩石窟第1窟的右壁和左壁，各有6尊罗汉（图100）。

图98 罗汉岩石窟第1窟前壁

图99　罗汉岩石窟第1窟前壁和左壁罗汉

图100　罗汉岩石窟第1窟右壁第2尊、第3尊罗汉

罗汉岩石窟第1窟右壁第2尊罗汉，头顶略有残失，为一老者形象。弯眉，高鼻梁，嘴半张，露出四颗牙齿，着交领长袍，左小臂垂直置于左腿后，双腿部分残失。像高64、宽40厘米（图100）。

图101 罗汉岩石窟第1窟右壁第2尊罗汉头部

罗汉岩石窟第1窟右壁第3尊罗汉，头顶略有残失，为一青年形象。弯眉，双目含笑，高鼻梁，嘴唇微张，唇上和下颌画有胡茬。着交领长袍，双手持书卷，右腿趺坐，左腿残失。像高60、宽41厘米（图100）。

图102 罗汉岩石窟第1窟右壁第3尊罗汉头部

罗汉岩石窟第3窟的主尊佛像，高肉髻，头部部分残失，弯眉慈目，高鼻梁，小嘴，圆脸，双耳垂肩，着双领下垂袈裟，有覆肩衣，双手握于胸前，结跏趺坐于须弥座承托的仰莲座上。通高151、像高91、像宽77厘米（图103）。

图103 罗汉岩石窟第3窟佛像

## 16.毗卢寺石窟

在米脂县龙镇黑石窑村东的大寺圪垯山的西北崖壁上，北临黑石窑河。单窟，时代为明代。

毗卢寺石窟的后壁供奉三佛二菩萨及二弟子石造像（图104）。三尊佛像均头佚后补，上身着双领下垂式袈裟，有覆肩衣，或施说法印，或禅定印，或双手合十，下身着裙，腰裙外露，腰系裙带打结下垂，结跏趺坐于仰莲台上，台下承有长方形须弥座。二菩萨和二弟子均为站立形象。

图104 毗卢寺石窟后壁

图105　毗卢寺石窟关公像

毗卢寺石窟的关公像，面朝主尊，头戴巾帻，胡须垂于胸前，身着交领青衣长袍，系腰带，双手搭在双腿上，着铠甲战靴，端坐于方台座上。像高138厘米（图105）。

图106　毗卢寺石窟药王像

毗卢寺石窟的药王像，头佚后以泥补塑。头戴巾帻，长须垂于胸前，身着蓝色长袍，双手搭于双膝，外有腰裙，长带饰，双腿下垂，露出云头履。像高135厘米（图106）。

## 17. 青云万佛洞石窟

在榆阳区青云镇稻科湾村西梁北侧沟畔的石崖上。第2窟的开凿年代是明世宗嘉靖三十七年（1558年），该窟及其附窟有成排的浮雕，包括佛像、弟子像和大肚弥勒（图107）。

图107 青云万佛洞石窟第2窟通道壁面的造像

图108　青云万佛洞石窟第2窟侧室儒释道三尊

在青云万佛洞石窟第2窟的侧室，右壁中部有一铺儒释道三尊的浮雕造像（图108）。儒释道三尊像高19～20、宽10～11厘米，莲座宽11～12、高4～5厘米；四尊弟子像高13～16、宽5～6厘米，莲座宽5～6、高2～3厘米。

中间主尊为佛像，桃形背光，高肉髻，面相丰满，双耳垂肩，着双领下垂袈裟，有覆肩衣，裙腰外露，拱手于胸前，结跏趺坐于仰覆莲座上。主尊两侧各有一弟子，双手合十站在仰莲座上，右侧弟子着交领长袍，左侧弟子披袈裟。

主尊的右侧为孔子造像，桃形背光，束发，瞋目，下颌留须，着长袍，双手相交于胸前，系带自然下垂，结跏趺坐于仰莲座上。孔子右侧有一弟子，束发，下颌有须，着长袍，双手持笏板于胸前，站在仰莲座上。

主尊的左侧为老子造像，桃形背光，束发，面容清癯，颌下留山羊胡须，着交领长袍，双手置于腹前，系带自然下垂，结跏趺坐于仰莲座上。老子左侧有一弟子，束发，留山羊胡须，着交领长袍，双手持笏板于腹前，系带自然下垂，站在仰莲座上。

## 18.善会寺石窟

明代。在佳县通镇万寨村北的寺梁半山腰，南临寺沟河。

善会寺石窟第1窟的石佛像，头佚。项有三道，上身着双领下垂袈裟，双肩披覆肩衣，下身着裙，裙角外露，右手施降魔印，左手施与愿印，结跏趺坐于仰莲座上。通高91、像残高76、像宽73厘米（图109）。

图109 善会寺石窟第1窟佛造像

善会寺石窟第1窟的左侧弟子像，头佚。上身内着大袖右衽僧袍，外裹袒右袈裟，下身风化严重，双手抱拳于胸际，立于方台上。残高84、像宽38厘米（图110）。

图110 善会寺石窟第1窟左侧弟子像

## 19.石瓦寺石窟

明代。位于榆阳区大河塔镇安崖办事处石瓦寺村的石瓦寺沟北侧石崖处，南临石瓦寺沟。石瓦寺石窟的菩萨造像为砂石质圆雕，头残佚，上身着覆肩衣，下身着裙，项饰璎珞，带有腕钏，舒坐于盘龙座上。残高94、像宽70厘米。该造像比例协调，线条流畅，雕刻细腻，造型优美，有宋代菩萨的遗风。这种舒坐于盘龙座上的菩萨造型在明代比较流行，通常被认为是观音菩萨（图111）。

图111　石瓦寺石窟菩萨像

在石瓦寺石窟发现一站立造像，头佚。着宽袖长袍，双手拱于胸前，握持一物，腰系蝴蝶结，系带自然下垂，站立于浮雕台座上。通高95、像高73、像宽36、座宽46厘米（图112）。

图112 石瓦寺石窟站立像

## 20.卧虎山石窟

明代。在佳县刘国具镇徐家东沟村南的常家峁西南壁上。

卧虎山石窟第2窟后壁的石雕佛像，头与身体断裂。高肉髻，螺发，双耳垂肩，面容安详，双目微合，上身内着僧祇支，外罩双领下垂袈裟，有覆肩衣，下身着裙，裙腰外露，双手施禅定印，手托宝珠，跣足，结跏趺坐于束腰须弥座承托的仰莲台上。像高110、像宽70厘米（图113）。

图113 卧虎山石窟第2窟佛造像

## 21.鱼头寺石窟

在靖边县小河镇前河村谢家湾自然村红石盖西侧、南侧的崖体上。鱼头寺第2号窟为明代石窟。

鱼头寺石窟第2窟后壁右侧的土地像，头佚后补。身着交领长袍，右手捻须，左手搭于左腿内侧，腰部系带，倚坐，双足着履。像高125、宽66厘米（图114）。

图114 鱼头寺石窟第2窟土地公像

鱼头寺石窟第2窟后壁左侧的关帝像，头佚后补。身着长袍，外着战甲，双手搭在双膝上，双腿下垂，端坐方台，双足着靴。像高130、像宽84厘米（图115）。

图115　鱼头寺石窟第2窟关帝像

## 22.中天寺石窟

在佳县王家砭镇王家砭村西的寺峁圪堵南壁，南临佳芦河。

中天寺石窟的关帝像为圆雕，头佚。三缕长髯，颌下长须向左飘拂，上身着铠甲，披袒右肩战袍，下着裤。左手残，搭在左膝上，右手握拳搭于右腿。左腿下垂，右腿横搭在石座上，两足残佚。残高73、像宽61厘米。该造像线条流畅，刻工精细，为明代风格（图116）。

图116 中天寺石窟关帝像

## 23.石窑沟石窟

位于府谷县哈镇陈家圪堵村石窑沟自然村西2公里处的悬崖上。第1窟的时代为清代。

第1窟后壁中央龛内高浮雕宗喀巴像，头戴黄帽，有头光，内着交领僧祇支，裙腰外露，外着双领下垂袈裟，右手施无畏印，左手托钵，结跏趺坐于仰覆莲座上。通高151厘米。龛像的右侧有清代光绪六年（1880年）墨书题记1方，龛左侧的墨书题记剥落严重（图117）。

图117　石窑沟石窟第1窟宗喀巴像

# 第五章　明清至民国时期的石窟壁画艺术

榆林石窟属于中原北方地区，受到这一区域石窟建造特点的影响，从北朝直到宋元均以石雕造像为主，石窟中并未见到壁画遗迹。到了榆林石窟最为繁盛的明代，壁画逐渐出现，但是没有十分流行。到了清代至民国时期，榆林不再像明代那样具有极为重要的边防地位，一度繁荣的经济归于萧条，大规模的开窟造像活动也不复存在。并不十分富裕的当地民众为了满足信仰的需求，转向对早期石窟的重修重绘，因而壁画大量出现。当然，经过明代及之前的大量开窟，榆林境内几乎是村村都有石窟寺，再次重建洞窟的意义不大，这也是清代至民国时期壁画出现的一个原因。

榆林明清至民国时期的石窟壁画，按性质可分为佛教、道教、民间信仰、三教融合等四大类。此外，这一时期还盛行水陆壁画（本文仅限于石窟壁画，寺庙壁画暂不涉及）。

佛教神祇以释迦佛、卢舍那佛、三佛、自在坐观音、地藏、文殊、普贤、十六罗汉、五百罗汉、天王、力士为主要题材，另有弥勒佛、阿弥陀佛、药师佛、三十五佛、千佛、八大菩萨、十二圆觉菩萨、胁侍菩萨、供养菩萨、十八罗汉、韦驮、八大明王、善财、龙女、十大冥王、迦叶、阿难、飞天等各类题材。佛教经变画和故事画主要有观音经变、地狱变、善财童子五十三参、目连变、佛传故事、本生故事等。道教神祇主要有三清天尊、三官大地、真武祖师、九曜星君、二十八宿星君、风雨雷电四神、五龙神、玉皇大帝、二郎神、十二天官等。民间信仰的神祇有药王、土地、关帝、山神、八仙、福禄寿神、财神、城隍、明君圣主、贤臣良将、贤士烈女等。表现三教融合的题材以释迦、老子、孔子组成的儒释道三尊像最为常见。

榆林地区明清至民国时期的佛教石窟壁画，按内容可分为六大类，即尊像画、佛教经变画、故事画、功德主画、装饰图案画及水陆画。

## 一、尊像画

尊像画主要是各类神祇尊像，既有高高在上的佛、菩萨等神祇，也有罗汉、高僧等接近凡俗的形象；既有汉传佛教的各类神祇尊像，也有藏传佛教的明王。

榆阳区大河塔镇明代石窑峁石窟第1窟右壁的尊像画，是以汉传佛教的三佛为题材。三佛均为高肉髻，有髻珠，慈眉善目，有项光，内着半披式佛衣，外披包右肩袈裟，施说法印，结跏趺坐于仰莲座上。中间主尊的两侧各站立一尊菩萨，神态自若，天衣自然舒展。三佛的左右两侧分别有听法的菩萨和护法等。图像以线描为主，面部和身体施以褐色，服饰以黑、白色为主，局部以黄、绿等色搭配。比起这些端重肃穆、高高在上的佛和菩萨，神木永兴寺石窟第7窟左右壁下部的清代十六罗汉则更具人间气息，他们神态各异，形象生动而逼真，显然是以现实人物形象为参照而精心创作的艺术形象。

榆林地区的清代至民国时期的石窟壁画中也保存了一定数量的藏传佛教壁画。例如，榆阳区青云万佛洞石窟第2窟的八大明王中，骑马明王红发倒竖，头上有化佛，瞋目张口，三眼六臂，上身赤裸，手中持宝剑、法铃等不同法器，着红裙，骑于白马之上，身后有火焰纹背光。造型夸张，形象生动，具有较高的艺术价值。

此外还有不少道教及民间信仰神祇的尊像画。关帝像是其中最为流行的尊像题材之一，形象大体一致。以清代石堂寺石窟第3窟右壁的关帝像为例，关羽居中，头戴巾帻，面部残损，仅见长须，身着铠甲、绿袍，双手支撑在腿上，倚坐。左侧侍立关平，头戴冠帽，怀抱卷宗，着圆领红袍。右侧为周仓，头戴笠帽，满脸髭须，身着战袍，左手持青龙偃月刀，叉腿而立。关羽形象端庄威猛，目光锐利，透着刚毅、果敢、正义之气。

威武石窟第2窟左壁前部的清代雷神像，是群体性尊像画中的一尊。雷神属于道教的护法神众之一，他头戴小冠，猪形脸，大耳，两眼圆睁，龇牙怒发，身着战袍，飘带飞舞。背部生出一对翅膀，一黑一白。右手持红柄小锤，左手持白色楔子。足部为鹰爪。该雷神形象高大，造型夸张，给人以威慑感，符合其护法神的形象特点。

明代榆阳区悬空寺第2窟左侧屏柱正面上部的儒释道三尊像，则是三教融合类尊像画的代表。释迦居中，形象高大，身后侍立迦叶和阿难二弟子，老子和孔子分居左右，形体略小。下部有两位侍者，分别是道家和儒家形象，应是老子和孔子的侍从形象。地面绘有香炉和两位献宝人物以及麒麟瑞兽。图像虽以三教融合为题材，但是以释迦为尊，显然是佛教徒所为。图像人物刻画细腻、传神，用色浅淡祥和，是榆林石窟壁画中的佳品。

## 二、经变画

佛教经变画主要是指依据佛经绘制的画。明清至民国时期的榆林石窟壁画中，经变画题材较为单一，常见的仅有观音经变、地狱变、善财童子五十三参、目连变等题材。

观音经变是以观音菩萨普度众生、救苦救难故事为题材的佛教绘画。观音经变在榆林石窟壁画中极为常见，按其构图形式，大致可分为两类。

第一类是全景式构图。典型例子是榆阳区悬空寺第2窟左侧屏柱内侧下部的明代观音变图像，观音菩萨为主尊，身着袈裟，自在坐于山石座上，上部有两身飞天，座前有善财和龙女。两侧以浓密的卷云为背景，绘有十六罗汉、六身护法天王等侍从人物。下部中央为一艘行驶在惊涛骇浪中的帆船，船坞上书“普渡慈航”四个大字，船坞内端坐一个妇人，头转向左侧，应是观音菩萨的变化身。左侧岸上有数人，正在礼拜船坞中的观音菩萨。下部两侧各有一身护法，右侧护法长髯飘逸，身着绿袍，身后侍从手持偃月刀，与明清时期榆林石窟中的关帝形象一致。左侧护法残损严重，仅见身着铠甲，为武将形象。这幅观音变有三个突出特点：首先，这铺图像中并没有出现观音经变中常见的救难内容，而是以化现人间“普渡慈航”的妇人形象和民众的虔诚礼拜来构建故事，或者来源于一种新的粉本，或是画师的独创；其次，图像中十六罗汉成了观音的侍从，形成一种独特的组合形式，这种组合或是对延安宋金石窟中观音与十六罗汉造像组合的一种借鉴和传承；再次，关帝成了观音的护法神。

第二类为多幅连环画式构图。例如府谷县党家畔石窟第2窟左、右壁的清代观音变，左右壁面各绘制4幅，每一幅图均表现一个救难场景，每幅图像的构图基本一致。以其中的坠落难为例，以对角线为界，将图像分成两部分。右上侧绘制主尊观音菩萨，结跏趺坐于祥云之上，表现观音乘云而来救难的情形，图像疏朗，观音形象高大。左下侧为救难故事，山崖上有一人，手举石块，欲向掉下山崖者砸去；掉崖者身着蓝袍，双脚赤裸，一副狼狈相。而在掉落者下方，祥云化出一只巨手，将掉崖者稳稳接住。图像的左上角有墨书题记“或被恶人逐，坠落金刚山”，点明图像主题。通过构图上的这种疏密、动静对比，更加显现出观音的慈悲之心和无边法力。经变画用彩以绿色、蓝色为主。

地狱变是以佛教中对地狱的描述为内容，大多以地藏菩萨为主尊，并有十大冥王相伴。例如榆阳区悬空寺第2窟右侧屏柱内侧下部的明代地狱变相图，地藏菩萨为主尊，头戴毗卢冠，双手持锡杖，倚坐于山石座上，上部有两身飞天，座前蹲踞金毛狮子。地藏两侧以浓密的卷云为背景，绘有善恶童子、闵公与道明、十王、六身护法天王等侍从。下部中央位置绘地狱内容，内容较为简单，可见奈何桥上引魂使者举幡引导亡魂通过，桥左侧似有业秤，正在称量亡者生前的善恶业力。下部两侧分别有一位护法神，具体形象不可辨识。这铺图像中的地狱内容相对较少，明显趋于简化。

善财童子五十三参变相出自《华严经》的《入法界品》，以善财童子跋山涉水分别到五十四处所，先后参访五十五位善知识为内容。神木龙岩寺第4窟保存了善财童子五十三参的内容，可惜壁画破坏严重，现仅残存前壁和右壁前部的七幅，其中可辨识的有善财童子参拜妙德主夜神、普德净光主夜神、德生童女等个别内容。

目连变是以大目乾连到地狱救赎母亲的故事为内容。明代的神木龙岩寺石窟第3窟前壁左侧壁面绘制了目连变的内容。图像左侧是一位口吐火焰、赤裸上身、身负枷锁的人物从地狱城中踉跄而出。城内的其他饿鬼向外张望，神情紧张。图像右侧则是一位面相祥和的年轻僧人，右手持锡杖，左手托钵。从人物组合来看，这应是目连救母的故事。该壁画虽仅残损严重，但无论是构图还是线条、用彩，均表现出较高的造诣。

## 三、故事画

故事画包括佛教、道教及民间信仰等不同性质的故事内容。佛教故事画包括佛传故事、本生故事、佛教史迹等，榆林石窟壁画中较为常见的是佛传故事。

神木市罗汉岩石窟第1窟前壁左侧壁面绘有佛传故事，壁画原由16幅故事画组成，现仅右侧10幅内容较为完整。图像按照由左向右、由下向上的顺序依次排列。现存部分包括从“宫中比武”到“出家修行”，再到“释迦涅槃”“八王分舍利”的故事情节，以绘画的形式为观者讲述释迦的一生。在每幅图的左上角和右下角均有墨书题记，惜褪色严重，大多不可辨识。

除了佛教故事画之外，还有为数不少的道教和民间信仰的故事画。滴翠山石窟第3窟左、右壁的送子娘娘出行图和回銮图，就属于道教故事画的范畴。在出行图中，整幅图像以云气为背景，中央是乘坐于高大马车内的送子娘娘，娘娘怀抱一个孩童，马车前后环绕仪仗随从。有趣的是，在娘娘仪仗队伍的后面紧随一辆敞篷车，车内乘坐有8个孩童，表现的是娘娘出行送子。用彩以蓝、绿、褐色为主。回銮图的内容和构图均与出行图类似，只是少了稚气可爱的孩童形象。

民间信仰类的故事画以关帝的生平故事画最为流行，如佳县兴隆寺石窟第1窟右壁清人所绘关帝故事，由四幅图像组成，分别描绘了“安西上任”“大破黄金”“桃园结义”和“三战吕布”等四个故事。壁画以浅绿和浅蓝色为背景，人物描绘则以蓝、绿、红色为主色调。

## 四、功德主画像

功德主通常是指出资修建洞窟的人。因为功德主画像是真实人物的写照，所以具有特别的历史文化价值。

榆林石窟壁画中，功德主画像保存较少，只在榆阳区明代悬空寺第2窟发现两铺。一幅功德主画像位于左侧屏柱正面下部，为中年僧人形象，面容慈祥，略有髭须，身着红色右衽衣，外披白色袈裟，双手于腹前持念珠，结跏趺坐。座前放置僧鞋。后部站立侍从弟子，另有案几、花瓶等物。左上角有题记“创修造像人□（兼）主持□当静□（像）”。从题记来看，该僧人法号当静，虽然不是石窟创建的出资者，却是实际的创修人和主持者，所以也属于功德主范畴。

另一幅功德主画像位于右侧屏柱正面下部，为世俗老者形象，头戴皂条软巾，留长须，身着宽袖长袍，后部有持杖侍者和案几，案几上有香炉和花瓶等器物。右上侧题记漫漶不清。该世俗老者像与前述僧人当静的画像分别位于两屏柱正面下铺位置，其身份当是石窟造像的功德主。这位老者应是石窟寺建造的实际出资者，或是信奉佛教的当地乡绅、富家大户。

两幅功德主画像被绘制在石窟内极为显耀的位置，且以近乎与真人等高的比例绘制，与石窟中的尊像画没有太大区分。这两幅功德主画像为我们研究悬空寺的创修情况、僧俗关系以及当地的宗教信仰情况等提供了有价值的资料。

## 五、水陆画

在榆林地区，水陆壁画主要发现于东北区域的佳县、神木市、榆阳区、府谷县等地，其中以佳县、神木市、榆阳区的交界地区最为集中。绘制水陆壁画的石窟有佳县化云寺石窟第9窟、佳县兴隆寺石窟第2窟、府谷石马川石窟第3窟、神木罗汉岩石窟第3窟、神木石窑坬石窟第3窟，以及榆阳区金佛寺石窟第5窟等。

榆林石窟水陆壁画的形式和内容比较固定，趋于程式化。以佳县兴隆寺石窟第2窟为例，该窟为三壁设坛窟，坛基造像均毁，仅存四壁的壁画。正壁残存五位明王像；左、右、前壁均分为上下4层，左、右壁各50组人物，南壁共21组人物。这些图像以前壁中央为界，分为左右两部分，左侧人物均侧身朝右，右侧人物均侧身朝左，面向洞窟主尊，呈礼拜的形式。左、右壁人物的排列顺序大致如下：左壁自上而下依次绘制天王、天仙、护法、诸天星君、往古人伦；右壁依次绘制龙王、四渎五岳、地府神众、孤魂野鬼。每组人物旁都有榜题，说明其身份。窟顶绘制八卦藻井图案。从水陆壁画所涉及的人物身份来看，几乎囊括了当时人们所知晓的儒释道及民间信仰的所有神祇。

佳县化云寺石窟还保存了一通明穆宗隆庆二年（1568年）的《天地冥阳水陆神祇碑》，该碑首题即为“天地冥阳水陆神祇碑记”，为研究榆林的水陆画提供了极为重要的文献资料。

此外，装饰图案画也是榆林石窟壁画中重要的一部分，包括窟顶藻井、各类主尊像的背光图案、边饰图案等。这些装饰图案大多都有完整的设计和绘制，体现着不同时期的艺术风格，所以同样具有重要的研究价值和意义。

综上所述，榆林石窟壁画是一部明清至民国时期榆林地区民间文化的百科全书，包含了榆林民众所信奉和喜欢的各类宗教神祇和宗教故事，是研究榆林地区这一时期宗教文化、宗教艺术和宗教史的珍贵资料。榆林石窟壁画还包括民俗民风、民间生产生活，以及服饰、乐舞器材、建筑形制、生产技术和工具、生活器皿等涉及社会生活方方面面的内容，是了解当时榆林民众生活面貌的形象化史料。

下面具体介绍石窟壁画。

## 1.罗汉岩石窟

在神木市神木镇高家塔村东北的罗汉岩山上。石窟壁画的年代为明代，内容有佛教故事、水陆壁画等。

（1）佛传故事

罗汉岩石窟第1窟的前壁残存明代正德年间的壁画，绘有佛传故事，连环画式构图，每幅图为一个故事情节。原本由16幅故事画组成，目前仅右侧10幅画的内容较完整，按照从左向右、从下向上的顺序依次排列。现存部分壁画包括“宫中比武”“出家修行”“释迦涅槃”“八王分舍利”等情节，以绿、红、蓝色为主色调（图118、图119）。

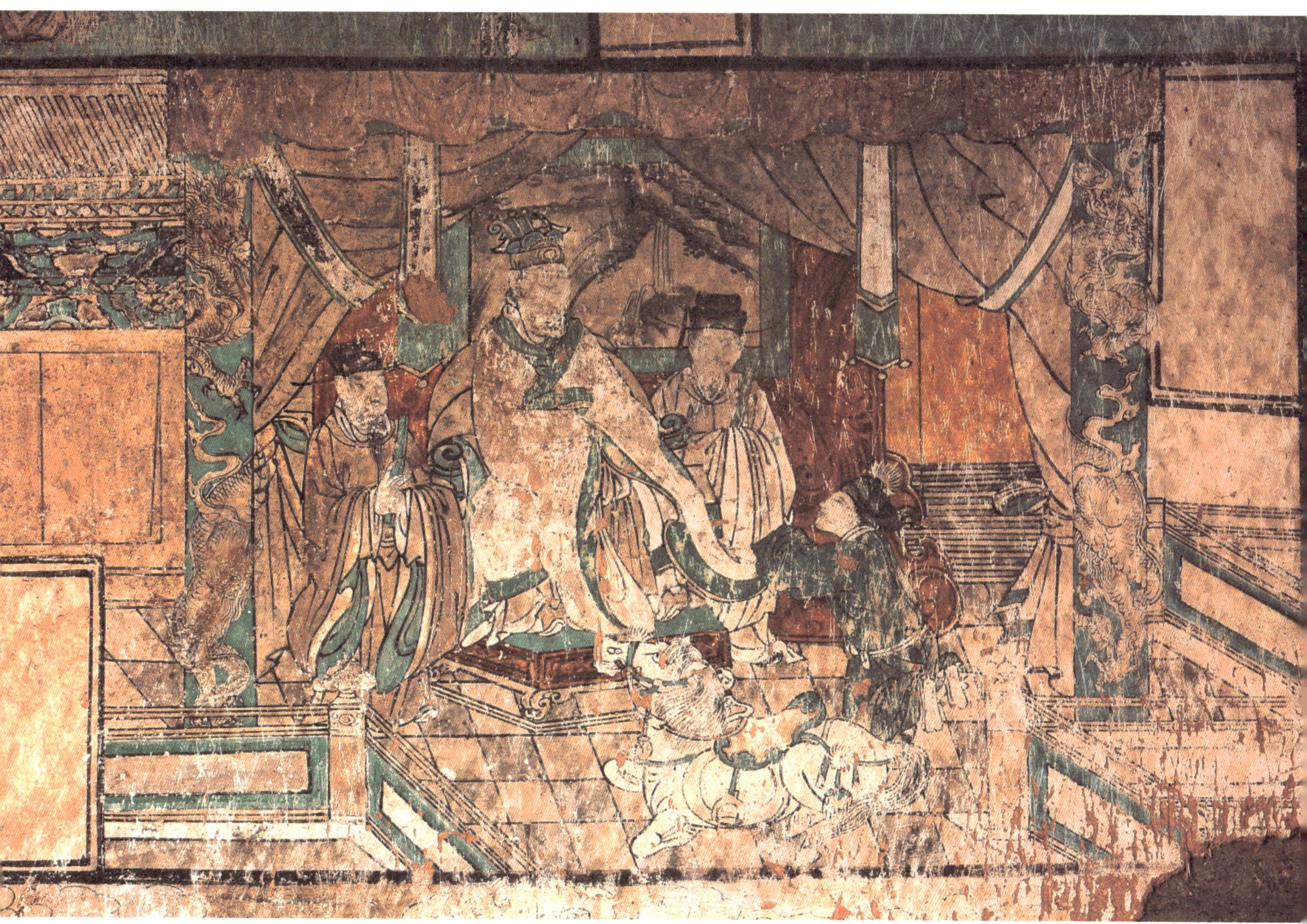

图118 罗汉岩石窟第1窟前壁左侧“辞别父王”壁画

图119 罗汉岩石窟第1窟前壁左侧“八王分舍利”壁画

佛传故事壁画采用连环画式构图，每幅图为一个故事情节。在每幅故事画的左上角和右下角均有一方题记框，内为红底墨书题记。壁画内容分为两部分，前半部分是供养人姓名“管龛信士某某某”，后半部分为发愿文“保佑一家平安”等。壁画以绿、蓝、红、黄为主色调。

罗汉岩石窟第1窟前壁右侧一幅是明代的蒲草供养壁画，右下角分别书“管龛信士遇文淮、刘氏”和“保佑一家平安”（图120）。

图120 罗汉岩石窟第1窟前壁右侧的蒲草供养壁画

（2）水陆壁画

在罗汉岩石窟第3窟前壁左侧，绘水陆道场三界使者壁画，每组人物旁边都有榜题，说明其身份（图121）。

图121　罗汉岩石窟第3窟前壁左侧水陆道场三界使者壁画

## 2.龙岩寺石窟

在神木市花石崖镇刘家畔村，石窟内有明代的壁画，内容主要是经变图。

在龙岩寺石窟第3窟前壁左侧，绘有“目连救母”壁画。在画面左下角，一个口吐火焰、面目狰狞、赤裸上身、身负枷锁的人，正从烟火冲天的地狱城里跑出来，画师特意绘出该人物的乳房，应是为了表现其女性特征。城内的其他恶鬼挤在门口向外张望。画面右侧是一个年轻僧人，他右手持锡杖，左手托钵，面朝城门。从人物组合看，这应是目连救母的故事。该壁画绘于明代，虽已残损严重，但无论是构图还是线条、色彩，均表现出较高的造诣（图122）。

图122 龙岩寺石窟第3窟前壁左侧“目连救母”壁画

在龙岩寺石窟第4窟前壁绘有明代壁画，主要是善财童子五十三参的故事（图123～图125）。

图123 龙岩寺石窟第4窟前壁左侧善财童子五十三参壁画

图124 龙岩寺石窟第4窟前壁左侧善财童子五十三参壁画

图125　龙岩寺石窟第4窟前壁左侧善财童子五十三参壁画

### 3.鸿门寺石窟

位于榆阳区大河塔镇驮柴峁村。其中第4窟后壁残有明清时期壁画，绘31排千佛图（图126）。第4窟右壁残有壁画，绘52排千佛图；第4窟左壁残有壁画，绘33排千佛图。以黄色、褐色、绿色为主色调。

图126 鸿门寺石窟第4窟后壁壁画

## 4.虎头峁石窟

在神木市高家堡镇凉水井村虎头峁伏智寺，又叫“伏智寺石窟”。虎头峁石窟的第2窟右壁为明代壁画。图像由前后两部分组成，前部为五尊天官，后部为四尊神将。天官均头戴宝冠，身着宽袖长袍，形象儒雅洒脱。神将则身着盔甲战袍，手持兵器，威风凛凛。图像以褐、绿色为主，辅以白、黄等色（图127）。

图127　虎头峁石窟第2窟右壁天官与神将壁画

## 5.普奈寺石窟

在佳县金明寺镇张家湾村南。普奈寺石窟第1窟左壁有明代壁画，局部绘有1尊菩萨像。头戴宝冠，慈眉善目，身着袈裟，有覆肩衣，有项光和背光，右手施说法印，左手施禅定印，结跏趺坐于仰莲座上。用墨线勾勒形象，再用红色、浅绿和白色绘画（图128）。

图128 普奈寺石窟第1窟左壁菩萨像

普奈寺第2窟左、右壁壁画保存较好，为明代作品。其内容为十八伽蓝神，左、右壁各九身，或为持笏板的文官形象，或为着铠甲、持兵器的武将形象，或为竖发怒目的煞神形象，形象生动，线条流畅。用色以浅绿、红、黑、白为主色调。

图129 普奈寺石窟第2窟右壁众神壁画

图130 普奈寺石窟第2窟左壁众神壁画

## 6.青云万佛洞石窟

在榆阳区青云镇稻科湾村。万佛洞第2窟附窟前壁右侧有清代壁画。在祥云之间绘有三位娘娘，坐于车辇中，旁边有一位举旗力士，还有两位侍者。该壁画以红、绿、蓝、黑为主色调（图131）。

图131 青云万佛洞石窟第2窟附窟前壁右侧娘娘出行壁画

在万佛洞第2窟附窟右壁通道两侧，绘有清代壁画，为十大明王（图132、图133）。所谓“明王”，是指佛、菩萨受大日如来教令，降伏诸恶魔时而变现转化出的忿怒相。《真伪杂记》卷十三说：“明者光明义，即象智慧。所谓忿怒身，以智慧力摧破烦恼业障之主，故云明王。”

图132 青云万佛洞第2窟附窟通道的十大明王之一壁画

图133　青云万佛洞第2窟附窟通道的十大明王之一壁画

## 7. 东山万佛洞

神木市城区东山万佛洞第2窟前壁仍保留清代壁画。前壁两侧上部绘五百罗汉，站在仙山古洞或者楼阁云间（图134、图135）。在前壁两侧下部各绘有4幅观音救难场景。壁画以黑、红、绿色为主色调。

图134 神木东山万佛洞第2窟前壁五百罗汉壁画

图135 神木东山万佛洞第2窟前壁五百罗汉壁画

## 8.石瓦寺石窟

榆阳区石瓦寺村第1窟尚存明代壁画。左、右、前三壁均残存佛教壁画，左、右壁前部壁画保存较好，其内容为善财童子五十三参，全图采用棋格状连环画式构图，每格绘制一个故事情节，故事左下角有土褐色榜题框。图像以褐、黄、白、黑色为主，色彩鲜艳。人物比例协调，线条流畅，绘画技艺较高。

图136　石瓦寺石窟第1窟右壁壁画

图137 石瓦寺石窟第1窟右壁壁画

图138 石瓦寺石窟第1窟左壁壁画

## 9.石窑峁石窟

在榆阳区大河塔镇胡家圪崂村的石窑峁。第1窟左壁有明代壁画，中部绘三佛二菩萨。佛像高肉髻，慈眉善目，大耳，有项光，面部和身躯施以褐色，身着袒右袈裟，裙腰外露，结跏趺坐于仰莲座上。中间主尊的两侧均站立菩萨，神态自若，天衣自然舒展。以黄、褐、黑、绿色为主色调（图139）。

图139 石窑峁石窟第1窟左壁壁画

## 10.威武石窟

在横山区塔湾镇威武堡。威武石窟第2窟的左壁前部绘有明代壁画，为雷神形象。这尊雷神像头戴小冠，兽脸，大耳，双目圆睁，龇牙怒发，身着战袍，飘带飞舞。其背部生出一对翅膀，一黑一白，足为鹰爪。雷神的右手持红柄小锤，左手持白色雷楔（图140）。

图140 威武石窟第2窟左壁前部的雷神壁画

威武石窟第3窟左壁有明代壁画，由4尊玉女和6尊神将组成，以云气为背景。玉女像中，右侧两人保存较好，最左侧一人仅存头部。均头戴花冠、步摇，有头光，身着天衣，右一玉女像左手托灵石，左二玉女双手持如意。6尊神将均高大魁梧，神采飞扬，身着战袍，衣袖和飘带飞舞灵动，手持划天戟、三股叉、宝剑等法器。该壁画的造像衣着繁复，用色以暗红、浅绿色为主（图141）。

图141　威武石窟第3窟左壁玉女与护法神将壁画

图142 窑湾石窟第3窟右壁童子供佛壁画

## 11. 窑湾石窟

在神木市迎宾路街道办事处窑湾村。窑湾石窟第3窟有清代壁画，以供有佛像的案几为中心，案几前面有供养佛像的童子。在案几右侧，两童子正在用泥巴塑佛像。左上侧还有一个乘云人物，残损严重，疑为度化众生的观音菩萨。案几之后的山石上题有“□□童男童女身得度者/□□童男童女身而为说法”，说明这是观音菩萨化现童子身来说法并且度化众生的故事。图像结构疏朗，人物形象清新明快（图142）。

## 12.榆阳区悬空寺石窟

在榆阳区镇川镇石崖地村。第2窟有明代壁画，左壁绘有成排分布的千佛像。千佛大都相似，均为高肉髻，双耳垂肩，有白毫，双目微闭，高鼻，弯眉，小嘴，有覆肩衣，裙腰外露，双手施禅定印，结跏趺坐，袈裟由红、黄、绿色组成。部分佛像有项光，部分坐于仰覆莲座上（图143）。

图143　悬空寺石窟第2窟左壁万佛壁画

悬空寺石窟第2窟右立柱的左侧，绘有明代的地藏十王壁画。地藏菩萨居中，头戴毗卢冠，双手持锡杖，倚坐于山石座上，上部有两身飞天，座前蹲踞金毛狮子。地藏两侧以浓密的卷云为背景，绘有善恶童子、闵公与道明、十王、六身护法天王等侍从。画面下部为地狱内容，中央即为奈何桥（图144）。

图144 悬空寺石窟第2窟右立柱左侧地藏十王壁画

悬空寺石窟第2窟左立柱的右侧，绘有明代的观音与十六罗汉壁画。观音菩萨居中，身着袈裟，自在坐于山石座上，上部有两身飞天，座前有善财和龙女。两侧以浓密的卷云为背景，绘有十六罗汉、六身护法天王等侍从。下部为观音救难故事（图145）。

图145 悬空寺石窟第2窟左立柱右侧观音与十六罗汉壁画

图146 悬空寺石窟第2窟左立柱正面上部儒释道三尊壁画

在悬空寺石窟第2窟左立柱正面的上部，绘有明代的儒释道三尊画像。释迦居中，形象高大；左右是老子和孔子，形体略小。下部有两位侍者，分别为道家和儒家形象。地面立有香炉、两位献宝人物以及麒麟瑞兽。该壁画以三教融合为题材，同时又以释迦为尊，显然是佛教徒所为。图像人物刻画细腻传神，用色浅淡柔和，为榆林石窟壁画中的佳品（图146）。

图147 悬空寺石窟第2窟左立柱正面下部高僧像壁画

在悬空寺石窟第2窟左立柱正面的下部绘有明代壁画，为一僧人。面相慈祥，略有髭须，身着红色右衽衣，外披白色袈裟，双手于腹前持念珠，结跏趺坐。座前放置僧鞋，身后立一侍者。僧人身后有一几案，上有花瓶等物。左上角有题记“创修造像人□主持□当静□”。据此可知，该画像为主持修造石窟的本寺主持僧邈真像（图147）。

图148 悬空寺石窟第2窟右立柱正面下部老者像壁画

在悬空寺石窟第2窟右立柱的正面有明代壁画，为一老者。头戴皂条软巾，面部不清，留长须，身着宽袖长袍，身后立一持杖侍从。老者身后有一几案，案上有香炉和花瓶等物。右上侧题记漫漶不清。该世俗老者像与左立柱正面下部的主持僧像相对应，疑为石窟造像的功德主（图148）。

## 13.兴隆寺石窟

在佳县刘国具镇郑家前沟的兴隆寺石窟的第1窟和第2窟，发现清代壁画。

兴隆寺石窟第1窟右壁绘有清代壁画，为关帝生平故事壁画。由四幅图组成，分别描绘关羽“安西上任”“大破黄金（巾）”“桃园结义”和“三（英）战吕布”四个故事。壁画以浅绿色、浅蓝色为背景，人物描绘则以蓝、绿、红色为主色调（图149）。

图149 兴隆寺石窟第1窟右壁关帝壁画

兴隆寺石窟第1窟左壁绘有清代壁画，为佛教故事。由四幅图组成，分别是“遥请诸佛”“讲说经法”“金钱卦（挂）树”“金砖薄（铺）地”。壁画以浅绿和浅蓝色为背景，人物描绘则以红、蓝、绿色为主色调（图150）。

图150 兴隆寺石窟第1窟左壁佛教故事壁画

在兴隆寺石窟第2窟的左右两壁，满绘清代壁画，场景为水陆大会。画面人物众多，造型各异，神态生动，浓墨重彩，线条流畅，是榆林石窟内清代壁画的代表作。壁画以绿、红、蓝、黑色为主色调，画面有白灰修补痕迹（图151～图156）。

图151 兴隆寺石窟第2窟右壁水路大会壁画

图152　兴隆寺石窟第2窟左壁水路大会壁画

图153 兴隆寺石窟第2窟右壁水陆大会壁画局部

图154 兴隆寺石窟第2窟左壁水路大会壁画局部

图155 兴隆寺石窟第2窟右壁水路大会壁画局部

图156　兴隆寺石窟第2窟左壁水路大会壁画局部

## 14.清泉寺石窟

在神木市沙峁镇郝家峁村贺家坬自然村南的清泉寺崖壁上。清泉寺石窟第2窟的后壁有清代壁画，为说法图。佛陀居中，两侧及前部为二弟子、八大菩萨以及天王像。以绿、白、黑、黄色为主色调（图157）。

图157 清泉寺石窟第2窟后壁说法图壁画

清泉寺石窟第2窟的右壁有清代壁画。中央主尊为地藏菩萨，地藏两侧为善恶二童子和十王，地藏前部为金毛狮子、闵公、道明以及三尊判官像。壁画最下部为奈何桥，桥上是亡者灵魂。以绿、蓝、褐色为主色调（图158）。

图158 清泉寺石窟第2窟右壁地藏壁画

清泉寺石窟第2窟的左壁有清代壁画，绘自在坐观音。观音舒坐于山石上，两侧为善财和龙女，另有两个天王。以褐色、浅绿、蓝色、白色为主色调（图159）。

图159 清泉寺石窟2号窟左壁观音壁画

## 15.喇嘛庙石窟

在神木市孙家岔镇乔家塔村猴头窨自然村的油坊湾南壁上。喇嘛庙石窟第7窟左壁有清代壁画，由三座藏传佛塔组成，形象一致，均由暗红色线条勾勒而成。塔基为“工”字形须弥座，塔身层层收拢，正面开龛，龛内神像模糊不清，塔颈为十三天相轮，逐层收拢，塔顶则由日、月、星组成（图160）。

图160 喇嘛庙石窟第7号窟左壁藏传佛塔壁画

## 16.滴翠山石窟

又名“叠翠山石窟”，在神木市高家堡镇高家堡村。第3窟的后壁绘有清末至民国壁画，为双龙戏珠图案。两条腾龙若隐若现于云端，以黑、墨绿、蓝色为主色调（图161）。

图161 滴翠山石窟第3窟后壁双龙戏珠壁画

滴翠山石窟第3窟左壁绘有清末至民国壁画，为送子娘娘出行图。以云气为背景，图像中央是乘坐于高大马车内的送子娘娘，怀抱一个孩童，马车前后有仪仗随从。在娘娘仪仗队伍的后面紧随一辆敞篷车，车内坐着8个孩童，以此表现娘娘出行送子。以蓝、绿、褐色为主色调（图162）。

滴翠山石窟第3窟左壁绘有清末至民国壁画，为送子娘娘回銮图。娘娘乘坐车辇，前有仪仗队，后有随从，队伍行进于祥云之间。以蓝、绿、褐、黑色为主色调（图163）。

图162 滴翠山石窟第3窟左壁送子娘娘出行壁画

图163 滴翠山石窟第3窟右壁送子娘娘回銮壁画

## 17.永兴寺石窟

在神木市花石崖镇高念文村。永兴寺石窟第4窟的右壁绘有明代壁画，为菩萨和九曜像。上部绘有佛传故事。以蓝、浅绿、暗红、黑色为主色调（图164）。

图164 永兴寺石窟第4窟右壁菩萨和九曜壁画

永兴寺石窟第4窟左壁绘有明代壁画，为地藏菩萨和十王画像。壁画的中央主尊为地藏菩萨，地藏两侧为闵公、道明和十王，壁画上部绘有6幅佛祖降妖除魔的场景。以蓝、浅绿、暗红、白、黑色为主色调（图165）。

图165 永兴寺石窟第4窟左壁地藏菩萨和十王壁画

## 18.叶家畔石窟

在横山区赵石畔镇叶家畔村北3公里寺沟东壁的红砂岩崖上。叶家畔石窟第2窟右壁残存清代壁画，仅存前面的四尊天将。四人均头戴宝冠，身着盔甲战袍，手持兵器，威武庄严。以蓝、红、浅绿色为主色调（图166）。

图166 叶家畔石窟第2窟右壁天王壁画

## 19.玉泉寺石窟

在佳县刘国具镇闫家寺村南。在玉泉寺石窟第1窟的右壁，绘有清代的韦驮像壁画。韦驮头戴宝盔，有项光，蚕眉凤眼，面相端庄威严，身着铠甲战袍，飘带飞扬，双手合十，双臂托金刚杵，脚蹬战靴，叉腿而立。韦驮用黄、红、蓝色描绘，色彩浓艳热烈，身后衬以墨线勾勒的浓密的卷云，以此突出人物，达到装饰效果（图167）。

图167 玉泉寺石窟第1窟右壁韦驮像壁画

图168 玉泉寺石窟第1窟左壁十二天将壁画

玉泉寺石窟第1窟的左壁绘有清代壁画，为十二天将。十二天将又称“十二天官”，由贵人、螣蛇、朱雀、六合、勾陈、青龙、天空、白虎、太常、玄武、太阴、天后组成。据史书记载，十二天将在昼夜十二时辰以及四季十二个月里，轮流率领眷属守护众生。在这幅壁画中，十二天将均有头光，形象各异，以蓝、红、黄色为主色调。有意思的是，他们的脚均是相互交叉或者踩压在一起，或有表现十二天将循环守护民众之意（图168）。

## 20. 党家畔石窟

在府谷县武家庄镇党家畔村。党家畔石窟第2窟的左壁、右壁，均绘有4幅民国时期壁画，为观音救难图。左壁4幅分别是火坑难、枷锁难、坠落难、雷电难。每幅图像构图一致，均呈对角线式分割。图像的左下角绘信徒遇难，内容密集，人物形象较小；图像的右上方则绘制乘云而来的救难观音，图像疏朗，观音形象高大。通过构图上的疏密和大小对比，凸显观音的慈悲之心和无边法力。用彩以绿、蓝色为主（图169）。

图169 党家畔石窟第2窟左壁观音救难壁画

# 第六章　明清石窟藻井与平棋艺术

藻井是中国古代建筑中屋顶的一种结构和装饰，木构建筑的藻井以抹角叠木为结构，并彩绘纹饰于木上。石窟寺的顶部也有仿传统木构建筑的藻井，一般用于顶部，例如主佛像或宝座的顶上，如伞如盖，给人以高远深邃的感觉，以增添神秘肃穆的气氛。平棋是天花的别称，略同于藻井，结构似方格状棋盘，是连续排列的方格形装饰。平棋与藻井的区别主要是前者可以排列多个方格，而后者只有一个。明代以前，榆林石窟很少雕刻藻井和平棋图案，到了明代则大量出现，甚至成了榆林明代石窟的显著特征之一。

榆林明代石窟的窟顶浮雕藻井、平棋图案，这可能是受到了延安地区宋金石窟的影响。在延安，北宋早期和中期的部分石窟开始雕刻藻井，但尚未见到雕刻平棋图案。这一时期藻井的体例较小，而且雕刻简单。北宋晚期和金代早期，石窟藻井的体例略有增大，个别洞窟已出现平棋图案。以清凉山石窟第20窟为例，平棋内浮雕有飞天、凤凰、双龙、莲花以及菱角图案等。到了明代，榆林和延安地区的石窟都大量出现藻井和平棋，不仅数量增加，体例和复杂程度也明显增加，但从藻井的基本形制和图案内容看，在延安的宋金石窟中多已出现或萌芽，所以我们认为，榆林明代石窟的藻井和平棋是对延安宋金石窟的继承和发展。

## 一、藻井形制

榆林石窟的藻井以浮雕为主，彩绘藻井较少。按其结构形制，主要分为斗八藻井、八角圆井和覆钵式圆形藻井。

根据《营造法式》的描述，斗八藻井分为三段。下段为方井，方井上施斗拱；中段为八角井；上段为圆顶八瓣，称为八斗，在斗八顶心安装明镜。具体到石窟，斗八藻井大致分为内外三部分，最外部为方井，中间为八角井，内部为圆形八瓣，中心为明镜。佳县兴隆寺石窟第7窟前廊顶部的藻井可以看作是斗八藻井，该藻井直径240、深85厘米，分为三部分。最外侧是方井；中间是八角井，分为内外四层，由内向外第一层浮雕八卦符号，第二层浮雕祥禽瑞兽，第三层和第四层均浮雕吉祥花卉图案；藻井的中央位置高浮雕方形覆莲明镜。

八角圆井是由斗八藻井演变而来，将上段的斗八变成圆井，井心明镜明显扩大。神木高家堡东山石窟万佛洞第4窟的藻井就是八角圆井。该藻井横长680、纵宽740、内凹160厘米。藻井中心为内凹明镜，有浮雕，风化严重。明镜外的藻井分为四层，由内向外第一层为圆形，风化严重，内容无法辨识；第二层为圆形，浮雕花卉图案，风化严重；第三层为八边形，浮雕善财童子五十三参；第四层为八角形，高浮雕仿木斗拱，每两个斗拱间浮雕龙凤图案，残损严重。

覆钵式圆形藻井最常见，藻井中央是高浮雕的明镜（一般是覆莲明镜），藻井由内向外分为三层，各层之间多以界栏分割，每层又常常被分割成八幅。内层一般浮雕八卦符号，中层和外侧浮雕各类花卉、祥禽瑞兽，个别的还有佛道人物故事。覆钵式圆形藻井的复杂程度不同，简单的藻井只有一层或两层，复杂的藻井多为三层或四层。

除了以上三类藻井，还有一些更简单的藻井，只在窟顶高浮雕覆莲图案；或者在窟顶开凿较小的覆钵式藻井，在藻井中央高浮雕覆莲。

## 二、藻井和平棋图案

榆林石窟的藻井图案主要有八卦、吉祥花卉、祥禽瑞兽、佛道人物、故事画等。平棋图案以吉祥花卉、祥禽瑞兽为主，也有少量的佛道人物和故事。

榆林石窟藻井大多在中央明镜外浮雕一周八卦符号，个别的还会浮雕相应的卦名。最有特点的是府谷县石马川石窟第3窟藻井，不仅在每个八卦符号的内侧浮雕对应的八卦名称，还在外侧浮雕有相应的八仙人物像，每一卦象所处的实际方位与它所代表的方位恰好一致，相互之间的对应关系列表如下（表一）：

**表一　　石马川石窟第3窟藻井的八卦与八仙人物对应表**

| 名称 | 乾 | 兑 | 离 | 震 | 巽 | 坎 | 艮 | 坤 |
|---|---|---|---|---|---|---|---|---|
| 符号 | ☰ | ☱ | ☲ | ☳ | ☴ | ☵ | ☶ | ☷ |
| 方位 | 西北 | 西 | 南 | 东 | 东南 | 北 | 东北 | 西南 |
| 八仙 | 钟离权 | 张果老 | 何仙姑 | 铁拐李 | 曹国舅 | 蓝采和 | 韩湘子 | 吕洞宾 |
| 形象特点 | 袒胸露乳，大腹便便 | 持杖老者形象 | 持荷叶 | 拄拐杖 | 拍板 | 难以辨识 | 横笛 | 持仙草? |

有关八仙与八卦的对应关系，极少有学者论及。于青写过《八仙与八卦》一文，认为八卦与八仙的对应关系是乾－吕洞宾、兑－张果老、离－钟离权、震－曹国舅、巽－韩湘子、坎－铁拐李、艮－蓝采和、坤－何仙姑。事实上，这一对应关系与石马川石窟第3窟藻井中的对应关系完全错位。

我们认为，《八仙与八卦》一文有待商榷。首先，该文没有限定时间范围和空间范围。唐宋元时期，八仙的身份并不固定，甚至在八仙的各类组合中大多是八位男性，一般认为，明代吴元泰撰写的《八仙出处东游记》始将八仙固定为现在流行的八个人物形象。其次，八仙的身份和法器在各个时期都有相互混淆的现象，就拍板而言，在不同实例中，蓝采和与曹国舅均持有过。再次，于文中很多论述过于牵强，以对张果老表示兑卦的论述为例，文中称“兑表示泽，泽有水泽、福泽等多重意义，此外兑还有说的意思，表示口”。张果老前世为老鼠，而“鼠之特征是以口为生存的第一有利器官”；张果老屡做好事，香火极盛，所以“口福不浅”；甚至最后还用遗传学上的阳性因子和隐性因子来论证张果老与少女有瓜葛[19]。据此我们认为于氏关于八仙和八卦的对应关系存在明显的问题。石马川石窟第3窟藻井，给出的八卦与八仙之间的对应关系应是较为可靠的。

榆林石窟藻井和平棋图案中的吉祥花卉，题材主要有莲花、菊花、牡丹、宝相花、梅花等，这些花卉各有不同的表现形式。以莲花为例，既有覆莲、仰莲、缠枝莲花、折枝莲花，也有盆栽莲花、瓶插莲花，还有莲花与其他花卉、祥禽瑞兽及人物的各类组合。鉴于这些花卉图案的应用范围极广，容易辨识，笔者在此不再赘述。

祥禽瑞兽也是流行的传统图案，在榆林石窟的藻井和平棋中占据着重要地位。其中以龙和凤最为流行，其余还有犀牛望月、鹿衔草、麒麟、狮子、天马、兔子、猴子、孔雀、大雁等各种吉祥动物。明清时期是中国龙凤图像的全盛期，榆林石窟藻井和平棋中的龙凤图案，正是在这种时代背景下产生的。明清时期的龙凤图案追求端庄、威严和雄壮，反而显得较为僵化、呆板，榆林石窟的龙凤图案也

[19]于青：《八仙与八卦》，《世界宗教文化》2000年第4期，第24～26页。

不例外。但是，作为民间艺术的一部分，榆林石窟中的龙凤图案增添了不少民间气息，其中不乏优秀作品。相较于龙凤图像的拘谨，其他祥禽瑞兽图像的雕刻则更加自由洒脱，没有太多的束缚。

榆林石窟藻井和平棋的图案除了八卦、吉祥花卉、祥禽瑞兽图案，还有佛道人物及故事。这类题材虽然数量不多，但颇具代表性，有必要对其加以详细介绍。常见的题材有佛、菩萨、化生童子、八仙、寿星、西游记、善财童子五十三参等。

米脂县史家坬石窟第1窟的覆钵式圆形藻井上，浮雕佛道人物。中央为明镜，周围饰一圈莲瓣。藻井分内外三层，内层浮雕八卦符号，内层和中层之间有界栏。中层浅浮雕八尊佛教造像，为四尊佛像和四尊菩萨像，间隔分布。其中四佛疑是四方佛，形象大体一致，均有头光和身光，结跏趺坐。四尊菩萨像分别是日光菩萨（持圆日）、月光菩萨（持圆月）、观音菩萨（舒坐）和地藏菩萨（戴披帽，托摩尼宝珠）。中层和外层之间没有界栏。外层浅浮雕二十八星宿像，均有头光，戴小冠，着宽袖长袍，双手持笏板，呈站立状。该藻井具有佛道融合的特点，但是佛教神祇显然处于更高的地位，符合明代佛教徒所提倡的三教合一主张。

童子像也是榆林石窟藻井和平棋图案中比较常见的一类题材。神木龙兴寺石窟第3窟藻井中，有一幅精美的化生童子浮雕。在泛起涟漪的水面上有一宝瓶，瓶内生出两朵缠枝莲花，莲枝呈波浪状伸向左右两侧，两根莲枝上分别盛开两朵莲花，莲花中央露出化生童子的头部或上半身。左侧莲枝最外侧还有两个童子在莲枝上行走嬉戏，其中右侧一童穿着肚兜，作行走状；左侧一童穿着对襟衣和裤子，双手高举，右腿高高抬起，作嬉戏状。

横山区柏树渠石窟第2窟的平棋图案中，刻有乘云童子。童子头梳双髻，面目清秀，上身赤裸，飘带向后飞舞，右手持莲花，着短裤，赤脚，呈嬉戏状坐于祥云上，十分灵动、活泼。此外，神木永兴寺石窟第5窟藻井中的童子嬉牡丹、童子抱莲等，都是以童子为题材的藻井和平棋图案。

在神木龙兴寺石窟第3窟藻井中，保存了一幅完整的明代唐僧取经图，颇为重要。图像由师徒四人和马匹组成，内容完整。走在最前面的是牵马的悟空，猴面人身，上身着右衽窄袖短袍，衣袖挽起，下身着裤，有绑腿，右手持马鞭高高扬起，左手牵马。马匹紧随悟空，步履轻盈，背有鞍鞯，上驮经书，说明是取经归来。第二位人物是猪八戒，猪脸，长鼻，大眼，身形精干，上身着右衽窄袖短袍，下身着裤，有绑腿，右肩挑负经书，左手叉腰，回头张望，似在催促后面的人。第三位是沙僧，圆脸膛，着圆领宽袖长袍，腰系带，右肩扛降魔杵，左手置于腹前。走在队伍最后面的是唐僧，面容清秀，着宽袖长袍，右手拄杖，左手甩袖，随徒弟前行。图像采用了“人大于山”的处理手法，表现出唐僧师徒取经过程中跋山涉水的艰辛。

唐僧取经故事是由玄奘西行求法的真人真事演变而来，最终形成了我们所熟知的《西游记》故事。现存的玄奘（唐僧）取经图像大致分为三个阶段。第一阶段大约在北宋到元代初期，这一阶段的玄奘取经图像尚未独立成幅，不是画面的主体内容，而是作为自在坐观音等大型经变画的附属内容出现的。相关图像主要集中于陕北的宋金石窟和甘肃瓜州东千佛洞第2窟和榆林窟的第2窟、第3窟。在这一阶段，图像中的人物较为简单，主要包括玄奘和牵马随行的行者，一般作朝拜状。第二阶段大约是元代中期到明代，这一时期的玄奘取经图像已经独立成幅，分布较广，在南北方均有发现，例如广东省博物馆收藏的绘有玄奘取经图像的元代瓷枕、山西稷山县青龙寺元代玄奘取经壁画、甘肃甘谷县华盖寺的明代玄奘取经壁画等。龙兴寺第3窟藻井中的取经图像也属于这一阶段。第三阶段大约在清代，这一时期的取经图像发展为连环画式的壁画，多以《西游记》的内容为蓝本。

由于玄奘法师与玉华宫寺的特殊因缘，唐宋时期，玄奘取经的故事就在陕北大地得到了广泛传播。宋金时期，这一故事由文字变成图像，被民间艺人雕刻于石窟寺中，这就是我们在陕北宋金时期石窟所看到的玄奘取经图像。

在陕北地区，目前发现的宋金时期的玄奘取经图像共有11幅，集中在延安地区。这些图像均是雕刻于自在坐观音的下方，玄奘取经内容大多位于观音的右下侧；而在对应的观音左下侧，雕刻《取经诗话》中的大梵天王及其侍从。就玄奘取经图像内容而言，大致表现为“一僧一从一马”组合，玄奘为僧人形象，在前礼拜观音；行者牵马随行，为汉人或者汉僧形象。其实，在榆林的宋金石窟中也有类似图像。例如佳县云岩寺第3窟，前廊右侧壁面有一高浮雕自在坐观音像，观音的左下侧可见大梵天王及其侍从浮雕，据此推测，观音的右下侧原来可能雕刻玄奘取经浮雕，惜已无存。正是由于玄奘与陕北大地的深厚渊源，加上陕北民众对玄奘取经图像的热衷，所以在明代石窟再次出现这一故事图像也是合乎常理的。

龙兴寺石窟藻井中的唐僧取经图有以下几个特点：第一，牵马者为悟空（行者），这在明清以后的图像中极为少见，或许是受到陕北地区宋金时期玄奘取经图像的影响；第二，在这幅图中，悟空师兄弟的兵器不同于他处；第三，悟能形象颇为精干，不似同一时期其他图像心宽体胖的样子。这些差异说明，在这一时期，唐僧取经图像存在着不同的版本，虽然各个版本的人物数量、排序已经定型，但是人物形象、个性、法器等方面都存在一些差别。总之，龙兴寺石窟藻井的唐僧取经图对研究唐僧取经图像和该故事的版本差异提供了新资料。

除了唐僧取经图，神木龙兴寺石窟第3窟藻井还有寿星（南极仙翁）与八仙的组合图像。寿星盘坐于带柄的芭蕉叶上，头较长，脑门凸起，内着交领衣，外穿宽袖长袍，双手于腹前持圆形宝珠状物。寿星的右侧蹲卧一只白鹤。寿星和白鹤两侧浮雕八仙，其中右侧四尊分别是吕洞宾、曹国舅、韩湘子、铁拐李，左侧四尊分别是汉钟离、张果老、何仙姑、蓝采和。

右侧第一尊吕洞宾，头戴帽，身着宽袖长袍，双手笼于袖中，背负宝剑；第二尊曹国舅，头戴软角幞头，身着官服，腰系玉带，双手持玉板于胸前，屈膝半蹲状；第三尊韩湘子，头戴软帽，身着宽袖长袍，腰间系带，双手持横笛于口，似在吹奏着乐曲；第四尊铁拐李，头系巾，着窄袖大袍，腰间系带，左手托葫芦，左脚着地，右脚后翘，右腋下拄着拐杖。左侧第一尊汉钟离，头扎双髻，身体肥胖，着开襟长衫，结带系于腰间，双乳外漏，腹部突出，右臂高高举起，右手托宝葫芦，左臂置于腹部，双腿直立；第二尊张果老，头戴帽，着宽袖长袍，腰间系带，右手前伸手中持物，左手下垂没于袖中；第三尊何仙姑，头梳双髻，身着长袍，腰间系带，右肩扛竹杖；第四尊蓝采和，头梳双髻，身着宽袖长袍，腰间系带，左手提花篮，右手前举似持拍板。

寿星起源于远古时期的星辰崇拜，古人按照自己的意愿，赋予他非凡的神性和独特的人格魅力。据说寿神就是角宿、亢宿，是二十八宿东方七宿中的头二宿，为列宿之长，故曰寿。另一说是南极星，即船底座α，故寿星又名“南极仙翁”。由于寿星在民间的影响力，封建政权和道教都曾对其大加推崇。后来寿星没有了高高在上的神威，作为长寿之神走入寻常百姓家，成为民间信仰的一部分。

八仙是道教的八位神通广大的仙人，始见于唐代文献，《旧唐书》《酉阳杂俎》等书记载了张果老的故事。五代时期的《续仙传》中，首次出现了蓝采和的故事，宋代则增加了韩湘子、吕洞宾、汉钟离、何仙姑。随着元代道教的盛行和戏曲的繁荣，八仙逐渐为民众所熟知，出现在各类艺术作品中。明代吴元泰的《八仙出处东游记》一书，将汉钟离、吕洞宾、铁拐李、张果老、蓝采和、韩湘子、曹国舅、何仙姑这一八仙组合固定下来，并演绎出曲折生动的故事。寿星和八仙均是普通百姓对美好生活的心灵寄托，所以被组合在一起。

善财童子五十三参浮雕见于神木高家堡东山石窟万佛洞第4窟藻井。与神木龙岩寺第4窟善财童子五十三参壁画的连环画式构图不同，东山石窟万佛洞第4窟藻井的善财童子五十三参浮雕采用长卷式构图，虽然风化严重，但从残存部分仍可看到，其雕刻之精美在榆林石窟的浮雕中首屈一指。从窟内残存台座及其组合形式来看，该窟的主尊造像极有可能是十二圆觉菩萨，洞窟前壁高浮雕一组华严三圣造像，将这些内容与窟顶的善财童子五十三参结合起来可以看出，整个洞窟的造像内容是以华严宗的教义为主题。

榆林明清石窟的藻井和平棋图案虽然多是民间作品，但不乏精美之作，它们是这一时期洞窟形制的标志性内容，具有不可替代的地位，对于研究石窟形制及其时代具有重要价值。藻井和平棋图案的题材丰富多样，不但具有较高的艺术价值，也为研究当地民众的宗教信仰提供了重要的实物资料。

下面具体介绍藻井和平棋。

## 1.雄山寺石窟

在榆阳区榆阳镇北岳庙村西南的红石峡东西两侧崖壁上。下面分别介绍第4窟和第5窟的明代藻井。

第4窟的窟顶中部有内凹的明代圆形藻井。圆形藻井中心明镜为覆莲，明镜外藻井由条幅分为内外三圈，每圈分为8幅。内圈浮雕八卦；中圈浮雕8朵折枝莲花，花卉细节有所不同；外圈浮雕8幅图案，为龙、凤、祥鸟、犀牛望月、祥鸟、凤、龙，还有一图已经风化（图170、图171）。

图170　雄山寺石窟第4窟藻井线描图

图171　雄山寺石窟第4窟藻井

雄山寺石窟第5窟的窟顶中部有内凹的明代圆形藻井。藻井中心明镜风化严重。明镜外藻井由条幅分为内外3圈，每圈分为8幅。内圈浮雕八卦，部分已风化；中圈浮雕8朵折枝莲花，其中两幅已风化；外圈浮雕龙凤交替图案，其中两幅风化殆尽（图172、图173）。

图172 雄山寺石窟第5窟藻井线描图

图173 雄山寺石窟第5窟藻井

## 2.兴颜寺石窟

在榆阳区大河塔镇安崖办事处前杜沟村中石刻湾南侧壁。在兴颜寺石窟第1窟的窟顶中部，凿有明代的圆形藻井，井心浮雕3层莲花，外圈浮雕二龙二凤以及莲花（图174）。

图174 兴颜寺石窟第1窟藻井线描图

## 3.新胜峁龙泉寺石窟

在横山区波罗镇大路墕新胜峁村东北的石子庙峁。龙泉寺石窟第4窟的窟顶中部凿有内凹的明代圆形藻井。窟顶圆形浮雕藻井共有3圈，每圈凿有8幅图案，井心已残。内圈浮雕八卦爻纹；中圈风化严重，浮雕8幅莲花；外圈图案有犀牛望月、瑞兽、狮、龙、马、凤、鹿衔草，还有一幅已经风化（图175）。

图175 新胜峁龙泉寺石窟第4窟藻井线描图

## 4. 龙兴寺石窟

在神木市迎宾路街道办刘家畔村东南的圪垯塄西侧断崖上。在龙兴寺石窟第3窟的窟顶中央，有一圆形内凹的明代藻井（图176～图181），中心为双层覆莲明镜，边饰3层莲瓣。明镜外的藻井分成4圈。由内向外第1圈浮雕3层莲瓣；第2圈分为8幅，浮雕八卦，每幅都有角隅纹；第3圈从窟口方向开始，依次浮雕猴子、麒麟、鹿衔莲花（图181）、凤凰、二龙戏珠、凤凰、折枝莲花、凤凰和鹿；第4圈从窟口方向开始，依次浮雕宝瓶莲花、南极仙翁、仙鹤、八仙、西游记和童子，第4圈的外侧浮雕一圈莲瓣。

图176　龙兴寺石窟第3窟藻井线描图

图177 龙兴寺石窟第3窟藻井

在龙兴寺石窟第3窟明代藻井上，有一组寿星与八仙的组合图像。寿星（南极仙翁）盘坐于带柄的芭蕉叶上，头较长，脑门凸起，内着交领衣，外穿宽袖长袍，双手于腹前持圆形宝珠状物。寿星右侧蹲卧一只白鹤（图178）。

寿星起源于远古时期的星辰崇拜，古人按照自己的意愿，赋予他非凡的神性和独特的人格魅力。据说寿神就是角宿、亢宿，是二十八宿东方七宿中的头二宿，为列宿之长，故曰寿。另一说是南极星，即船底座α，故寿星又名“南极仙翁”。由于寿星在民间的影响力，封建政权和道教都曾对其大加推崇，以推行王道教化和招揽信众。

在龙兴寺石窟第3窟明代藻井上，寿星（南极仙翁）的左右两侧浮雕八仙，其中右侧四尊分别是吕洞宾、曹国舅、韩湘子、铁拐李（图179），左侧四尊分别是汉钟离、张果老、何仙姑、蓝采和（图180）。

图178 龙兴寺石窟第3窟藻井上的南极仙翁

右侧第一尊吕洞宾，头戴帽，身着宽袖长袍，双手笼于袖中，背负宝剑；第二尊曹国舅，头戴软角幞头，身着官服，腰系玉带，双手持玉板于胸前，屈膝半蹲状；第三尊韩湘子，头戴软帽，身着宽袖长袍，腰间系带，双手持横笛于口，似在吹奏着乐曲；第四尊铁拐李，头系巾，着窄袖大袍，腰间系带，左手托葫芦，左脚着地，右脚后翘，右腋下拄着拐杖。

左侧第一尊汉钟离，头扎双髻，身体肥胖，着开襟长衫，结带系于腰间，双乳外漏，腹部突出，右臂高高举起，右手托宝葫芦，左臂置于腹部，双腿直立；第二尊张果老，头戴帽，着宽袖长袍，腰间系带，右手前伸手中持物，左手下垂没于袖中；第三尊何仙姑，头梳双髻，身着长袍，腰间系带，右肩扛竹杖；第四尊蓝采和，头梳双髻，身着宽袖长袍，腰间系带，左手提花篮，右手前举似持拍板。

在龙兴寺石窟第3窟明代藻井上，保存了一幅完整的唐僧取经图，由师徒四人和马匹组成（图182）。走在最前面的是牵马的悟空，猴面人身，上身着右衽窄袖短袍，衣袖挽起，下身着裤，有绑腿，右手持马鞭高高扬起，左手牵马。马匹紧随悟空，步履轻盈，背有鞍鞯，上驮经书，说明是取经归来。第二位人物是猪八戒，猪脸，长鼻，大眼，身形精干，上身着右衽窄袖短袍，下身着裤，有绑腿，右肩挑负经书，左手叉腰，回头张望，似在催促后面的人。第三位是沙僧，圆脸膛，着圆领宽袖长袍，腰系带，右肩扛降魔杵，左手置于腹前。走在队伍最后面的是唐僧，面容清秀，着宽袖长袍，右手拄杖，左手甩袖，随徒弟前行。

图像采用了“人大于山”的处理手法，表现出唐僧师徒取经过程中跋山涉水的艰辛。唐僧取经故事是由玄奘西行求法的真人真事演变而来，最终形成了我们熟知的小说《西游记》。

图179 龙兴寺石窟第3窟藻井上的八仙过海（局部）

图180 龙兴寺石窟第3窟藻井上的八仙过海（局部）

图181 龙兴寺石窟第3窟藻井（局部）

图182 龙兴寺石窟第3窟藻井上的西游记故事

## 5.悬空寺石窟

在榆阳区镇川镇石崖底村西的山崖上。在悬空寺石窟第5窟的窟顶中部，有明代的浮雕方形藻井（图183、图184）。中心明镜为双层覆莲，明镜向外由凸棱分成8幅，外侧每幅内浮雕一个八卦图案。明镜左右两侧各浮雕一条龙，穿梭于凸棱之间，长身，四爪，其中一龙张口伸舌。

图183 悬空寺石窟第5窟藻井

图184 悬空寺石窟第5窟藻井线描图

## 6.柏树渠石窟

在横山区魏家楼镇柏树渠村西的寨峁山南侧石崖处，南临蚂蚁河。柏树渠石窟第1窟的顶前部，明代凿有平棋。平棋长318、宽306厘米，分为3排，每排4幅，高浮雕卷草纹边框。由前向后看，第一排从右向左依次为折枝莲花、麒麟、折枝莲花、凤；第二排是折枝莲花、龙、龙、折枝莲花；第三排右边第一幅已残损，从右向左依次为侍女、侍女、折枝莲花（图185、图186）。

图185 柏树渠石窟第1窟平棋线描图

图186 柏树渠石窟第1窟平棋

## 7.党家畔石窟

在府谷县孤山镇庙山村党家畔自然村。在党家畔石窟第1窟顶前部有明代的圆形藻井，分为内外2圈，每圈分为8幅。中心为双层覆莲明镜；内圈浮雕折枝莲花和覆莲图案外圈从窟口方向开始，从左向右依次为龙、双狮戏球、麒麟、凤凰、麒麟、犀牛望月、鹿衔草、龙（图187、图188）。

图187 党家畔石窟第1窟藻井线描图

图188 党家畔石窟第1窟藻井

## 8.二郎山石窟

在神木市城西1公里处。二郎山石窟第2窟的窟顶中部有内凹的明代圆形藻井，中心为双层覆莲明镜。藻井由边饰分为内外3圈，每圈又分为8幅。内圈浮雕六字真言，内圈与中圈由水波纹边饰分隔；中圈内侧浮雕八卦，中间浮雕龙、凤，中圈与外圈由覆莲分隔；外圈浮雕缠枝莲花、缠枝牡丹等（图189）。

图189 二郎山石窟第2窟藻井线描图

## 9.高家堡东山石窟

在神木市高家堡镇高家堡村东山。下面介绍第2窟和第4窟的明代藻井。

在东山石窟万佛洞第2窟的窟顶，中部有明代的圆形内凹藻井，中心为覆莲明镜，明镜外有一圈莲瓣边饰。在莲瓣边饰外，藻井由条幅分为内外3圈，每圈分为8幅。内圈浮雕八卦图案；中圈浮雕一圈缠枝莲花，左右两侧各有一幅对鹊，落于莲花上；外圈浮雕马、双兔衔草、犀牛望月（已风化）、龙、鹿衔莲花、双狮戏球、凤立莲枝等，外圈的边缘浮雕八角形角隅纹（图190、图191）。

图190 东山石窟万佛洞第2窟藻井

图191 东山石窟万佛洞第2窟藻井线描图

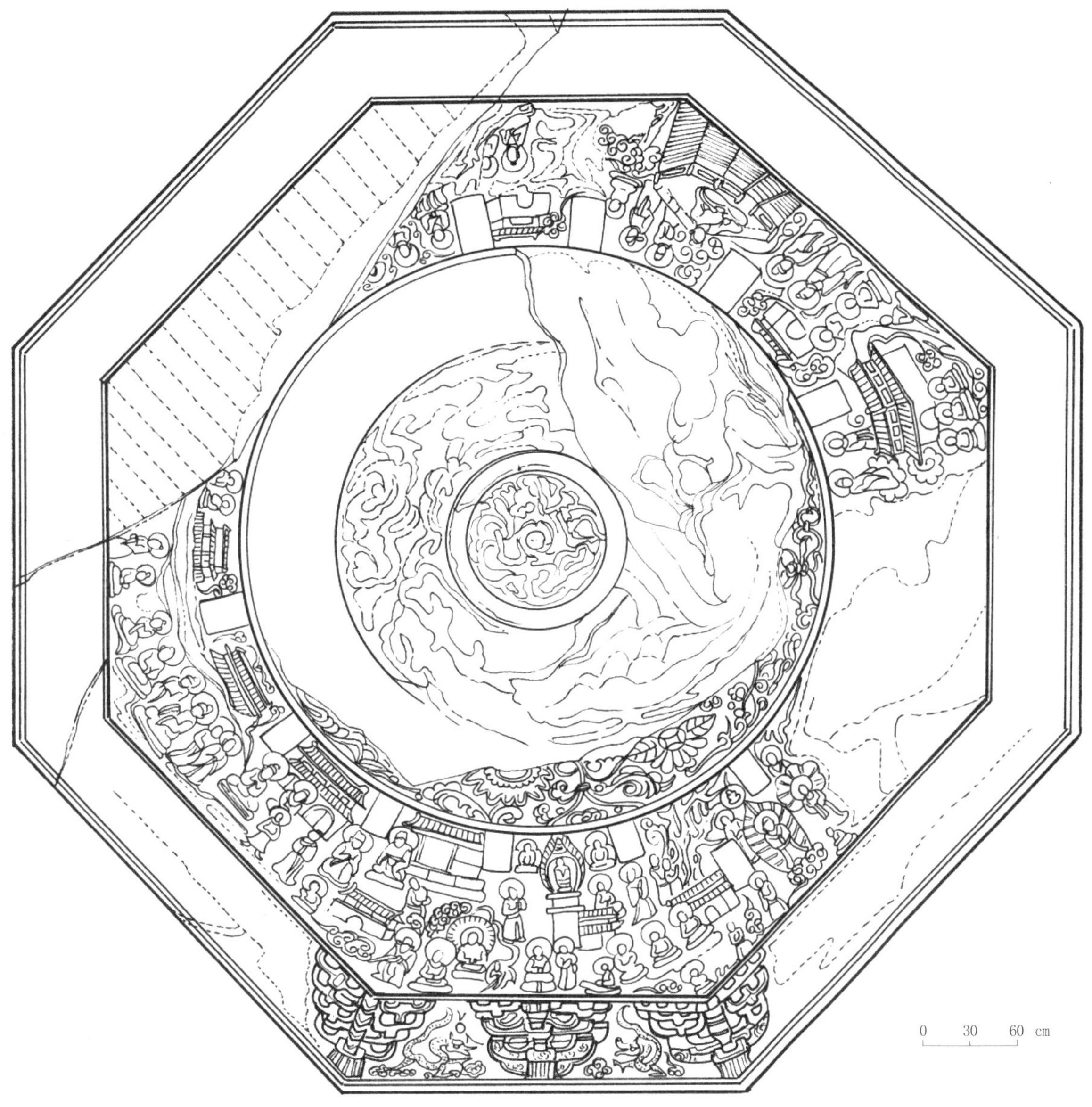


图192 东山石窟万佛洞第4窟藻井线描图

在东山石窟万佛洞第4窟的窟顶前部，是明代的仿木结构屋顶，有高浮雕的横梁和条形椽（图192、图193）。中部是八角形内凹藻井，风化严重。中心为内凹明镜，浮雕有图案，风化严重。明镜外的藻井依稀可辨分为内外4圈，由内向外第1圈为圆形，风化严重，内容无法辨识；第2圈是圆形浮雕花卉图案，风化严重；第三圈是八边形，浮雕佛道故事；第4圈是八角形，高浮雕仿木斗拱，每条边上有三层斗拱，每个角上有四层斗拱，每两个斗拱之间浮雕龙凤图案。

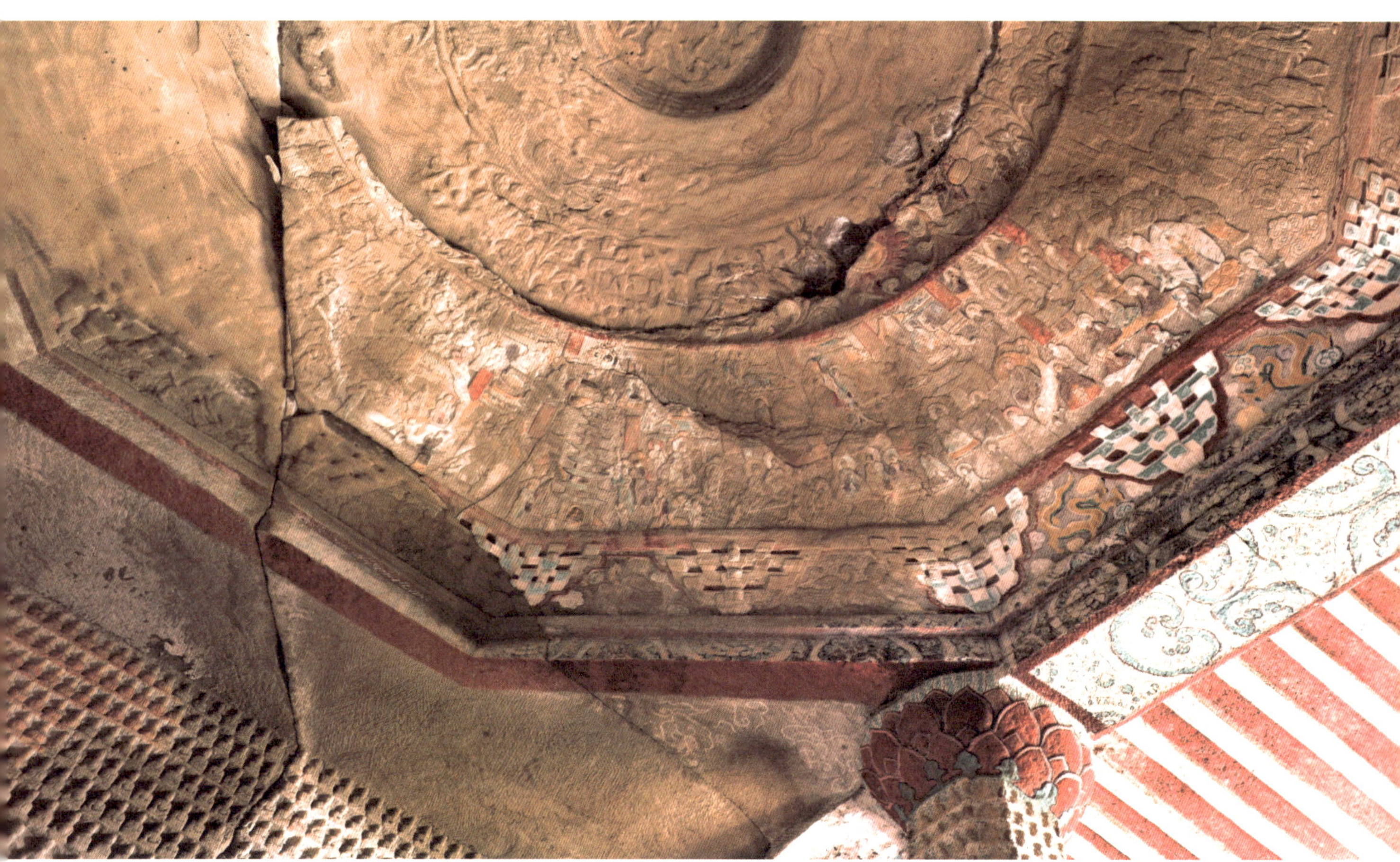

图193 东山石窟万佛洞第4窟藻井

在东山石窟万佛洞第4窟藻井上，有明代的善财童子五十三参浮雕（图194～图197），采用长卷式构图，与神木龙岩寺第4窟善财童子五十三参壁画的连环画式构图不同。虽然风化残损严重，但从残存部分仍可看出其雕刻精美，在榆林石窟浮雕造像中首屈一指。

从窟内残存台座以及组合形式来看，该窟的主尊造像可能是十二圆觉菩萨。洞窟前壁高浮雕一组华严三圣组合造像，将这些内容与窟顶的善财童子五十三参相结合，可以看出，整个洞窟的造像内容是以华严为主题。

图194 东山石窟万佛洞第4窟藻井上的善财童子五十三参浮雕

图195 东山石窟万佛洞第4窟藻井上的善财童子五十三参浮雕

图196 东山石窟万佛洞第4窟藻井上的善财童子五十三参浮雕

图197 东山石窟万佛洞第4窟藻井上的善财童子五十三参浮雕

## 10.虎头峁石窟

在神木市高家堡镇乔岔滩办事处凉水井村东南的虎头峁山西侧、南侧的崖壁上，西临秃尾河。下面介绍虎头峁石窟第1窟和第2窟的明代藻井。

在虎头峁石窟第1窟的窟顶中部，有圆形内凹的明代藻井，中心为双层覆莲明镜。明镜外的圆形藻井分为内外5圈，每圈分为8幅。由内向外第1圈是圆形内凹环，分为8幅，底饰人字形凿痕，外侧饰有浮雕莲瓣；第2圈浮雕8朵精美的缠枝莲花；第3圈浮雕8幅图案，底饰人字形和弧线凿痕，图案从窟口方向开始依次是缠枝莲花、凤凰、飞鹤、龙、龙、飞鹤、凤凰、缠枝莲花；第4圈未浮雕图案，底饰规整人字形凿痕；第5圈未浮雕图案，有三层规整的人字形凿痕底饰（图198）。

图198　虎头峁石窟第1窟藻井

图199 虎头峁石窟第2窟藻井线描图

在虎头峁石窟第2窟的窟顶中部，有圆形内凹的明代藻井，中心为双层覆莲明镜，圆形藻井由条幅分为内外3圈，每圈分成8幅。内圈呈内凹环形，分为8幅，底饰人字形凿痕，外侧有宽10厘米的浮雕斗拱8个；中圈浮雕4朵缠枝莲花；外圈从窟口方向开始，依次浮雕犀牛望月、凤凰、仙鹤、两幅二龙戏珠、仙鹤、凤凰、天马（图199）。

## 11.化云寺石窟

在佳县刘国具镇白家铺村北。在化云寺石窟第3窟顶部，有明代的浮雕平棋。窟顶后部整排雕有二龙戏珠，四角有角隅纹。窟顶前部分为3排，每排分为5幅，每幅都有角隅纹。自内向外、从右及左依次浮雕鹿、马、狮、牛、麒麟、牡丹、祥鸟莲花等（图200）。

图200 化云寺石窟第3窟平棋线描图

## 12.兴隆寺石窟

在佳县刘国具镇的后郑家沟村。兴隆寺石窟第7窟的通道顶部，石砌明代浮雕八卦藻井。中部方柱下垂，柱头覆莲，外边浮雕八卦图案，八卦之外浮雕双狮戏球、犀牛望月、龙、凤、鹿衔草、二马奔腾，其外侧装饰绕枝莲花、瑞兽、莲花等图案（图201）。

图201　兴隆寺石窟第7窟通道藻井

## 13.米脂万佛洞石窟

在米脂县银州镇王沙沟村的朱山西崖壁上。万佛洞石窟第11窟有明代窟顶浮雕，从前向后分为4组（图202、图203）。

第一组是高浮雕圆形藻井，位于窟口前部偏南，以凸棱间隔。中心是莲蕊，外面两圈是莲瓣，每圈8等分。内圈浮雕八卦图案，外圈分别是龙、莲花宝瓶、天马、四瓣如意纹、犀牛望月、莲花宝瓶、虎、如意瑞草纹。两侧还有不规则的凿痕。

第二组是浅浮雕平棋图案，前后3排，一共15方。前排自北向南是折枝牡丹、麒麟、双狮戏球、麒麟、折枝莲花，中排自北向南是折枝莲花、天马、二龙戏珠、麒麟、折枝牡丹，后排自北向南是折枝牡丹、折枝莲花、折枝莲花、莲花、折枝牡丹。

图202 万佛洞石窟第11窟藻井和平棋

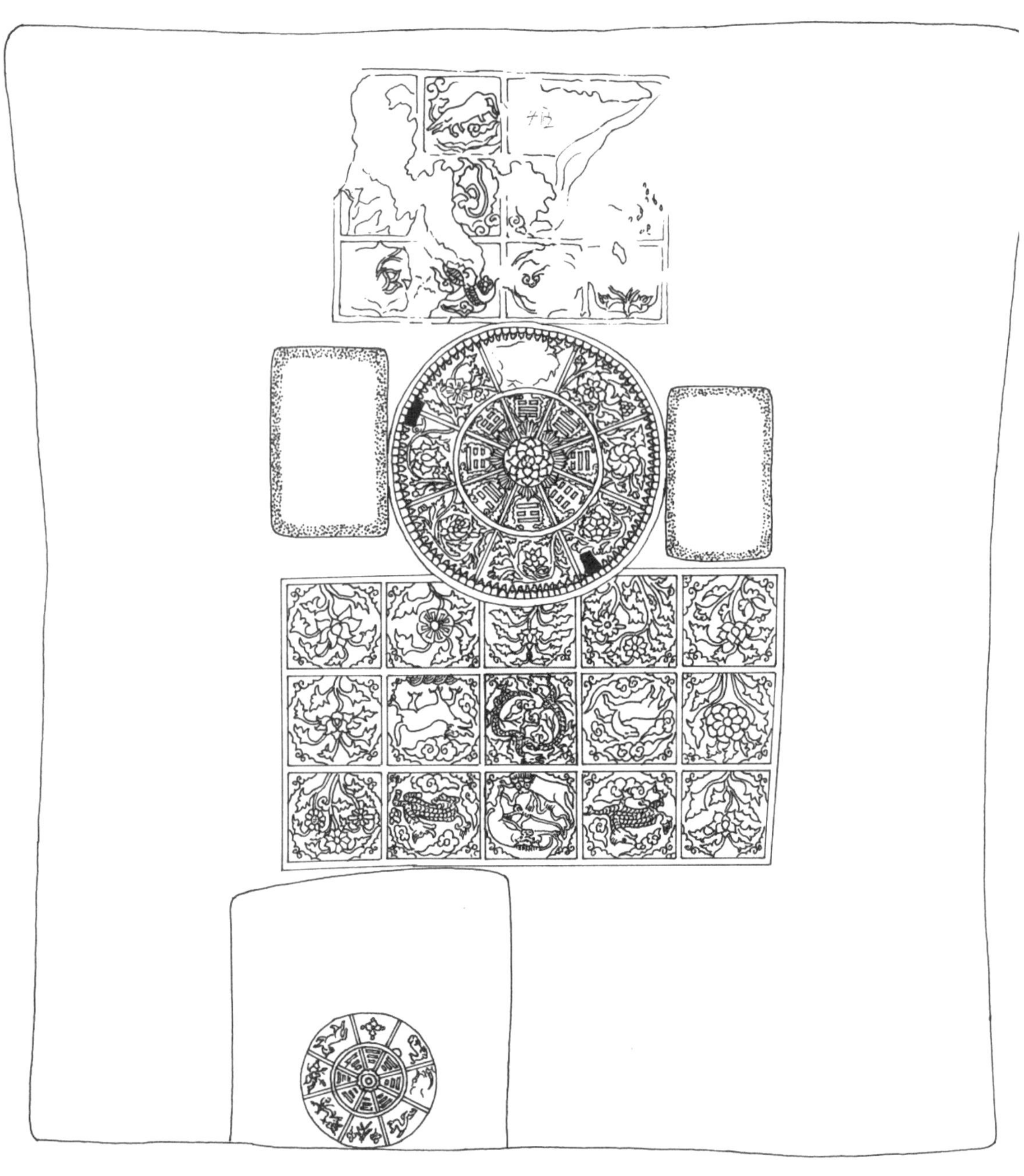


图203 万佛洞石窟第11窟藻井和平棋线描图

第三组是浮雕的八卦莲花圆形藻井，位于洞窟中央，在两方柱间顶部。藻井由凸棱间隔分成内外两圈，中心是高浮雕的莲花垂柱，垂柱侧面环绕一周浮雕，为结跏趺坐施禅定印佛像。两圈均被8等分，内圈浮雕八卦图案，外圈浅浮雕折枝莲花、牡丹图案。外圈的内沿环绕一周浮雕，为结跏趺坐施禅定印佛像。

第四组位于后壁坛基顶部正中，为浅浮雕平棋，前后3排，一共12方。每方之间以宽带浅浮雕间隔，每方图案四角分别浅浮雕云头状角隅纹。平棋风化严重，可辨图案有第1排折枝莲花、牡丹，第2排双狮戏球，第3排天马，其余图案漫漶不可辨识。

## 14.南寺梁石窟

在神木市迎宾路街道办事处大柏堡村东北面的南寺梁东南侧崖壁上。在南寺梁石窟第1窟的窟顶中部，有明代的内凹圆形藻井。中心的覆莲明镜已残，明镜外有一圈内凹穹隆，边饰莲瓣。明镜外的藻井被条幅分为内外3圈，内圈浮雕八卦。中圈被分为8幅，内容有花卉、凤凰、龙等，部分已风化。外圈被分为8幅，浮雕一圈缠枝莲花，右侧风化非常严重。藻井的外缘浮雕一圈莲瓣（图204）。

图204　南寺梁石窟第1窟藻井上的二龙戏珠浮雕

## 15. 普奈寺石窟

在佳县金明寺镇张家湾村南。下面介绍普奈寺石窟第1窟的明代藻井和第2窟的明代平棋。

在普奈寺石窟第1窟的窟顶中部，是边长45厘米的明代方形藻井。浅浮雕，四角均凿有角隅纹，内刻莲花。以莲花为中心，分为内外两圈，每圈分为8幅向外辐射。内圈是浮雕兼彩绘的八卦图案，外圈是两两相间彩绘的龙纹、凤纹（图205）。

图205 普奈寺石窟第1窟藻井

在普奈寺石窟第2窟的顶部，有明代的彩绘平棋1方，以绿、白灰、黑、红色为主色调。由外向内分成3排，一共9方。自西向东第1排是凤纹、莲花纹、凤纹，第2排是牡丹纹、双凤纹、折枝牡丹纹，第3排是龙纹、牡丹纹、龙纹（图206）。

图206 普奈寺石窟第2窟平棋

## 16.七里庙石窟

在神木市高家堡镇七里庙村。在七里庙石窟第1窟的窟顶中部，有明代的圆形内凹藻井。中心为覆莲明镜，藻井分为内外3圈，每圈又分为8幅。内圈浮雕八卦图案，内圈的外侧浮雕一圈莲瓣边饰；中圈浮雕8幅图案，依次是莲花、马、凤凰、龙、龙、凤凰、牛、犀牛望月；外圈依次浮雕折枝覆莲、折枝莲花、覆莲、折枝莲花、宝瓶莲花、三颗石榴、覆莲（图207、图208）。

图207 七里庙石窟第1窟藻井线描图

图208 七里庙石窟第1窟藻井

## 17.千佛寺石窟

在靖边县青阳岔镇沙崾崄村寺尚山东南侧的崖壁上。下面介绍千佛寺石窟的第6窟和第7窟。

在千佛寺石窟第6窟的窟顶中部，有明代的内凹圆形浮雕藻井。藻井由内而外共有4圈纹饰，用圆圈凸棱隔开。中心为浮雕莲花，第1圈是八卦，第2圈是8幅莲花，第3圈是30尊小佛像，第4圈是40尊小佛像。每尊小佛像高20～22、宽9～11厘米。均新施以彩绘（图209）。

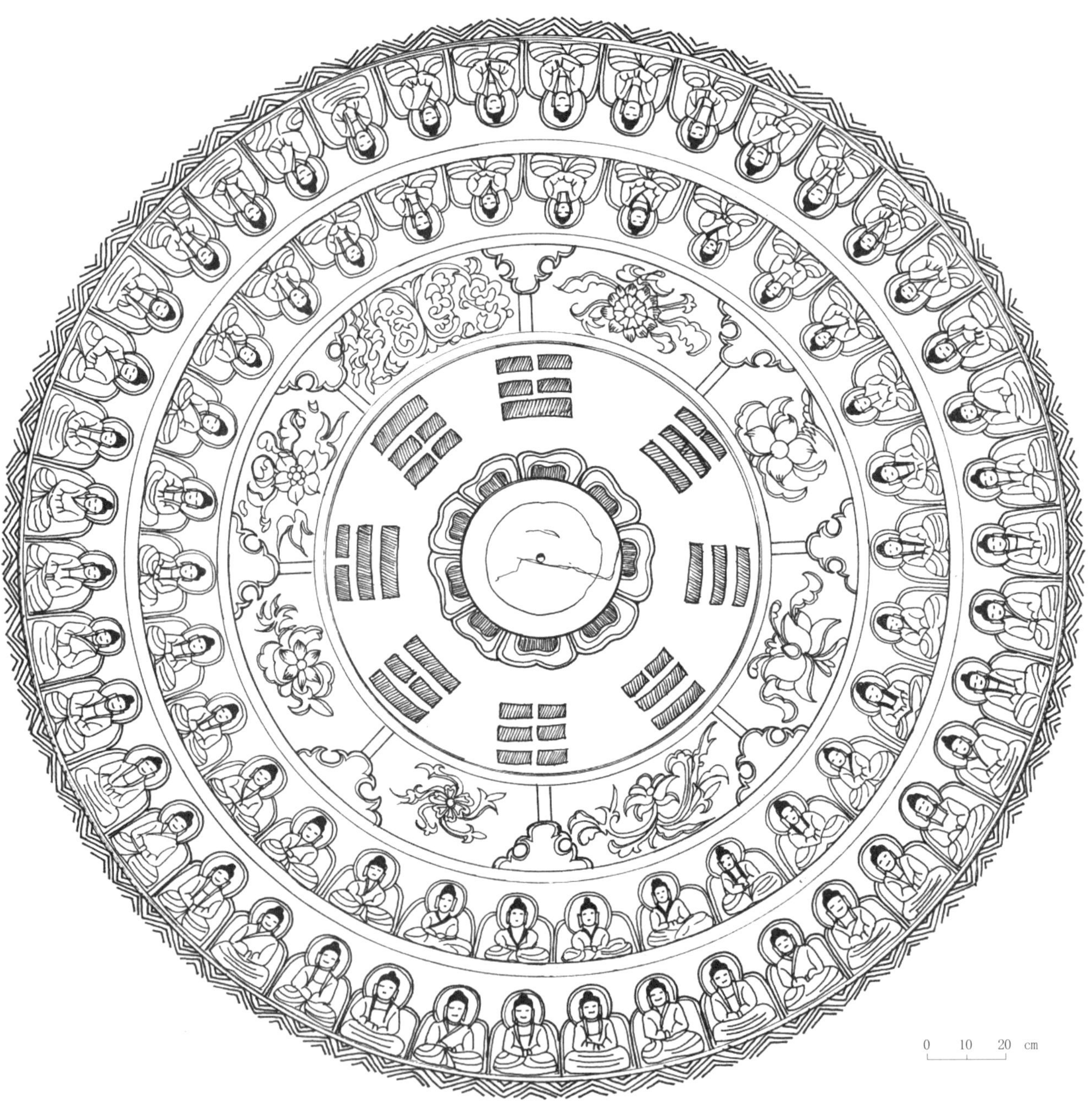


图209　千佛寺石窟第6窟藻井线描图

在千佛寺石窟第7窟的窟顶中部，有明代的内凹圆形藻井，由内而外共有3圈纹饰。中间为浮雕莲花，内圈浮雕八卦，中圈浮雕八幅莲花，外圈浮雕兔衔草、犀牛望月、龙、宝珠、龙、瑞兽、两小孩嬉戏、仙鹤（图210）。

图210 千佛寺石窟第7窟藻井线描图

## 18.青云万佛洞石窟

在榆阳区青云镇稻科湾村。在万佛洞第2窟的窟顶中部，有明代的浮雕平棋，由内向外共有5排，用蓝色、红色和绿色彩绘。中间第3排是一幅二龙戏珠，其余4排每排均有4幅，内容均为浮雕的折枝莲花（图211、图212）。

图211 青云万佛洞石窟第2窟平棋线描图

图212 青云万佛洞石窟第2窟平棋

## 19.神木东山石窟

在神木市城区东山。下面分别介绍东山石窟龙凤洞里明代开凿的平棋（图213、图214），以及东山石窟万佛洞里明代开凿的平棋（图215、图216）。

东山石窟龙凤洞第2窟的窟顶前部，有明代开凿的平棋，后部有内凹的八角形藻井。前部平棋共有4排，每排4幅。由内而外第1排是4幅折枝莲花，第2排从右向左依次是折枝覆莲、折枝覆莲、麒麟、鹿衔祥草，第3排是折枝莲花、四狮戏球、折枝莲花、天马，第4排是折枝莲花、凤凰、折枝莲花、麒麟（图213、图214）。

后部有八角形内凹藻井，中心为双层覆莲明镜，明镜外藻井由条幅分为内外3圈，每圈分为8幅。内圈圆形，浮雕八卦图案；中圈圆形，浮雕8幅图案，其中6幅是折枝莲花，1幅是凤凰，还有1幅已经风化；外圈八角形，从窟口方向开有双麒麟、双狮戏球、三鹿衔草、麒麟和胡人驯狮、二龙腾云、双凤朝阳、二马奔腾，还有一幅已经风化。

图213 东山石窟龙凤洞第2窟平棋线描图

图214 东山石窟龙凤洞第2窟平棋

在东山石窟万佛洞第2窟的窟顶前部，有明代的浮雕平棋，共6排，每排8幅，左右两侧还有宽30～44厘米的缠枝莲花边饰。平棋内容有折枝花卉、覆莲人物、骑马图、莲花、瑞兽、狮子戏球、龙、凤凰、狗、兔和马（图215、图216）。

图215 东山石窟万佛洞第2窟平棋线描图

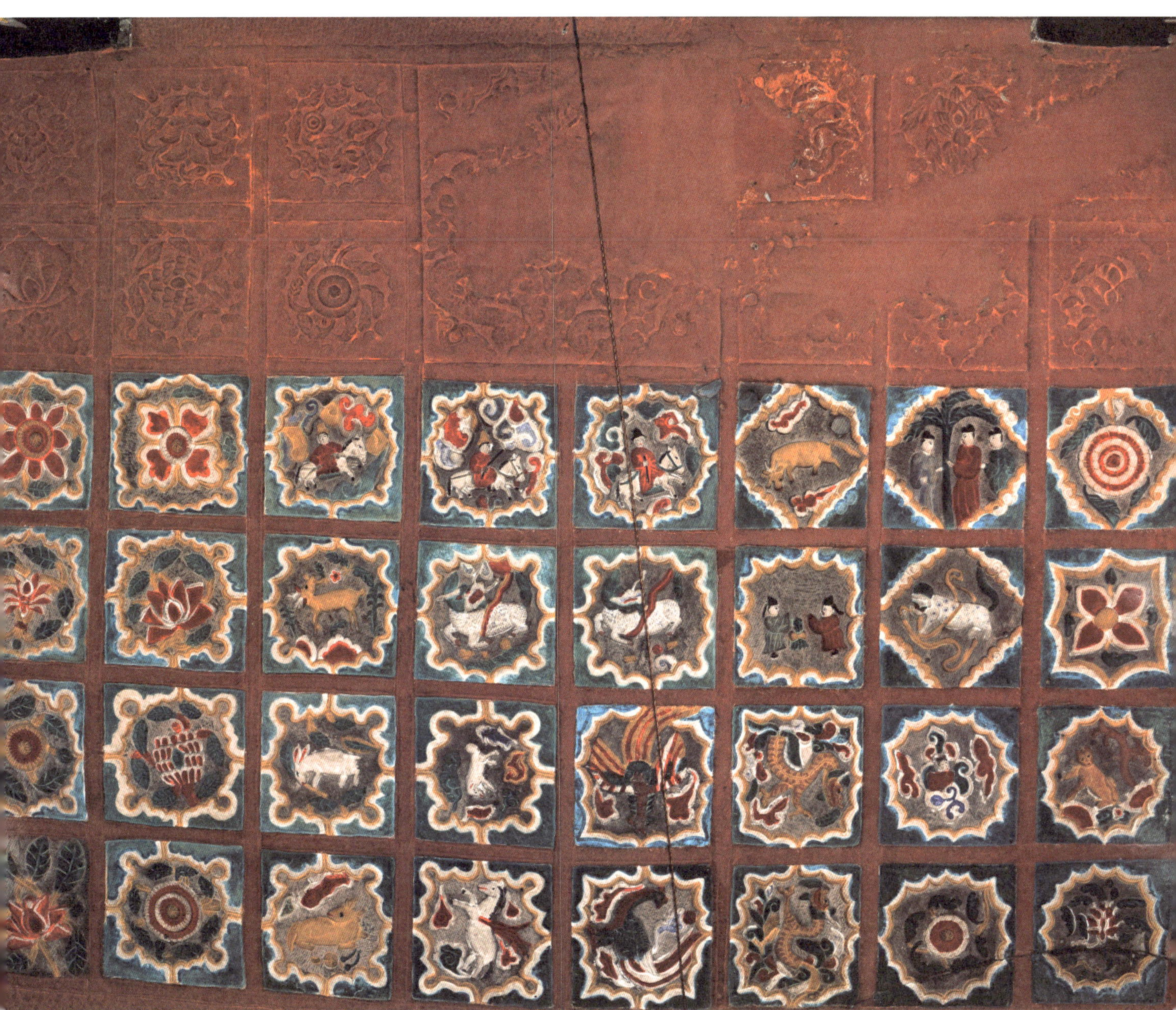

图216 东山石窟万佛洞第2窟平棋

## 20. 永兴寺石窟

在神木市花石崖镇高念文村。在永兴寺石窟第5窟的窟顶中部，有明代开凿的圆形藻井。中心为双层覆莲明镜，明镜外的藻井分为内外4圈，每圈分为8幅。由内向外第1圈为环形内凹，每幅浮雕一枝莲花，外侧有双层的浮雕莲瓣边饰；第2圈浮雕龙、凤凰、覆莲、折枝莲花等8幅图案；第3圈浮雕童子抱莲、折枝莲花、龙、折枝覆莲等8幅图案；外圈原本无浮雕图案，民国时期对该藻井进行重新彩绘，藻井最外圈绘有4只凤凰和4只麒麟（图217、图218）。

图217 永兴寺石窟第5窟中部藻井线描图

图218 永兴寺石窟第5窟中部藻井

在永兴寺石窟的窟顶后部，有明代的浮雕平棋，分为前后2排。后排共7幅图案，间隔雕刻折枝莲和覆莲图案，每幅有角隅纹；前排浮雕9幅莲花图案，每幅均有角隅纹（图219）。

图219　永兴寺石窟第5窟后部藻井和平棋

## 21.石马川石窟

在府谷县府谷镇石马川村。在石马川石窟第3窟的窟顶中央，有明代开凿的圆形藻井。藻井分为内外3圈，每圈分为8幅。中心是双层覆莲明镜。内圈分为3层，内层是八卦图案和字，八卦下部浅浮雕八仙形象；中层为覆莲莲瓣；外层是富贵不断头图案。中圈浮雕缠枝莲花。外圈的前后两侧浮雕双龙，风化严重（图220），左右两侧为双凤图案。

图220 石马川石窟第3窟藻井上的龙纹浮雕

## 22.石窑坬石窟

在神木市栏杆堡镇张家峁村东南的石窑坬上。石窑坬石窟第3窟的窟顶中部，有明代开凿的内凹圆形藻井。中心明镜已剥落坍塌，明镜外的藻井由条幅分为内外3圈。内圈浮雕八卦，八卦外浮雕一圈莲瓣；中圈由条幅分为8幅，每幅均浮雕莲花；外圈由条幅分为8幅，浮雕龙、凤图案（图221、图222）。

图221 石窑坬石窟第3窟藻井线描图

图222 石窑圪石窟第3窟藻井

## 23.史家坬石窟

在横山区石湾镇史家坬村西北的古寺山西部断崖处。史家坬石窟第1窟的窟顶前部，有明代开凿的内凹圆形藻井（图223）。圆形藻井的井心高浮雕覆莲；内圈浮雕八卦；中圈浅浮雕4佛、4菩萨，间隔排列（图224）；外圈浅浮雕28尊人物像（图225）。该类型题材的藻井在榆林地区较为少见。

图223 史家坬石窟第1窟藻井线描图

图224 史家坬石窟第1窟藻井（局部）

图225 史家坬石窟第1窟藻井（局部）

## 24. 窑湾石窟

在神木市迎宾路街道办事处大柏堡村窑湾自然村北的窨子石畔南侧的断崖上。在窑湾石窟第3窟的窑顶中部，有明代开凿的圆形内凹藻井，中心为覆莲明镜。圆形藻井由条幅分成内外3圈，每圈分为8幅。内圈浮雕八卦图案；中圈浮雕8幅图案，有龙（图226）、凤凰、牡丹等，其中3幅已经风化；外圈浮雕一圈缠枝莲花，右后侧风化严重。

图226 窑湾石窟第3窟藻井上的二龙戏珠浮雕

# 第七章　石窟的其他文物

榆林石窟不仅保存了大量的造像、壁画、题记和碑刻，还保存了为数可观的佛塔、造像塔及残件、经幢、造像碑、铁钟、香炉、醮盆、磬等各类附属文物，这些都是榆林石窟不可或缺的一部分。本章我们将对这些与榆林石窟有关的附属文物的内容及其艺术价值进行探讨。

按照佛教的传统，几乎是有寺必有塔，且佛塔经常是作为寺院的核心建筑出现的。石窟究其本质也是寺院，只是因为开凿于山石之间，和普通的佛寺略有差异。榆林石窟也不例外，历代信徒多在石窟周围修建佛塔，可惜榆林境内的佛塔破坏严重，保存下来的实物不多。

与榆林石窟直接相关的佛塔中，最有名的是横山红门寺响铃塔，据《横山区志》记载，响铃塔建于元代泰定年间（1324～1328年），距今有700年历史。响铃塔建于红门寺石窟所在崖壁的顶部。红门寺石窟现存7窟，其中最早者是第7窟，为典型的中心柱窟，疑为北朝时期开凿。另有第4、5、6窟为宋代开凿，其余则是明清建造。响铃塔为密檐阁式砖石塔，整体呈红褐色，共有11层。塔体外观呈八边形，内部空心由木棒支撑，第1～3层用石板砌成，第4～11层用红褐色砖垒砌而成，至今保留得较为完整，棱角分明。第1层塔内有彩绘壁画，共两层，惜残损严重，内容难以辨识。

崖前建寺，崖间开窟，崖顶起塔，这种寺院布局形式在元明时期的榆林地区颇为流行，红门寺正是这一布局的典型代表。另外，府谷县的黄甫石窟、石山则石窟，横山区的永兴寺石窟、接引寺石窟等，石窟崖壁顶部都发现了佛塔或其建筑遗存。

榆林石窟寺附近的佛塔以石塔为主，其中不少还是造像塔。以府谷县磁尧沟石窟为例，在石窟前约100米处的台地上堆放了大量石塔部件，且在石窟窟口前有一座石塔，石塔各层的造像内容和风格完全不同，应是今人重新“组装”的一座佛塔。但佛塔底座与窟前地面连为一体，显然是原本就存在的，说明这里确实曾经存在一座佛塔，不知何时被毁掉了。据当地村民介绍，这些佛塔组件发现于磁尧沟内，后被搬至此处。通过仔细比对分析，我们发现，这些佛塔组件至少分属三个不同的佛塔，从其造像题材和风格判断，其中一座为元塔，另外两座为明塔。在一处石窟寺旁边就发现了至少三座佛塔，足见此地佛教之兴盛。

榆林地区的清代佛塔还吸收了藏传佛塔的风格，表现出汉藏融合的特点。横山区佛殿庙石窟的窟前台地上，有一座带有藏传风格的石塔，该塔由多块石料分段雕刻而成，由塔座、塔身和塔刹三部分组成。塔座由三部分组成，最下层为八棱形，中层为覆莲，上层为仰莲。塔身分为三级，第一级为瓶形覆钵，正面开一方形龛，龛内造像不存；其余位置阴刻功德名录。塔身各级之间以庑殿顶状石雕作为分割。第一级四面坡顶下有八边形石台，各边浮雕八仙和福禄寿星；第二级塔身为瓶形覆钵式，塔身阴刻佛经，第二级四面坡顶下方为八边形台，各面均浮雕折枝莲花图案；第三级塔身近乎圆柱形，正面凿有一块圆首方形牌位，阴刻“□□神之位”。四面坡顶下方同样是八边形台，各面双线阴刻“紫盖天柱鹫岭祇圆（园）”八个字。塔刹为两个圆形宝珠和一个浮雕仰覆莲图案的球形宝珠。该塔保存较好，造型上融合汉藏两种风格。塔身既有佛教的“鹫岭祇圆（园）”之说，又有“□□神之位”和八仙、福禄寿造像，呈现出三教融合的特点。

榆林石窟中也保存了为数可观的经幢、铁钟、磬、醮盆等物。这些器物大多出自民间工匠之手，做工较为质朴简单，但是它们多有详细的题刻和铭文，为研究者提供了重要的研究资料，所以同样值得重视。

以佳县龙泉寺石窟所存经幢为例，该经幢为石质，由底座、幢身、幢顶三部分组成。底座为圆形仰莲座，幢身六边形，幢顶残损严重，形制不明。根据题记，该经幢制作于元至治元年（1321年）。幢身除了刻录《佛顶尊胜陀罗尼神咒》，还记录了元大德年间主持僧重修并且创建“法堂”“东西廊”“静讲”（应指讲堂）等寺院建筑的经过，以及该寺五代僧人的法名等情况。在榆林元代佛教资料匮乏的情况下，该经幢使我们得以窥见元代寺院的建制、经济来源、法脉传承等信息，也为研究龙泉寺石窟提供了新的材料。

榆林石窟所存钟、磬、醮盆等，大多是以铁铸造而成，个别石窟发现有石磬。这些佛教器物一般都会铸铭文，内容大体一致，主要有寺院名称、因何铸造、功德主姓名、工匠姓名、时间等。例如府谷县观音寺石窟的铁钟，该钟有U形蒲牢钮，圆肩，鼓腹，八耳，肩饰四孔，铸有花卉，腹部上侧铸有龙凤，下部铸有八卦，耳饰乳钉。钮高10厘米，钟直径55、高45、厚1～3厘米。铭文记载：“石佛堂，发心造中（钟）一口，重一百斤。释子真惠、龙泉寺住持清□，显贵施财，众姓……万历二十八年正月十七日造，保德州匠人陈乾男、男陈求南、陈思南、陈惟南。”由此可知，该钟属石佛堂，重达一百斤，匠人是来自山西保德州的陈乾男父子，同时还列出了两位僧人和功德主姓名。

再如神木清凉寺石窟所存铁醮盆，该醮盆为直筒状，铁锈严重，直径29、高37、厚1厘米。盆外壁铸有铭文：“大清国陕西榆林府葭州花石崖清凉寺，佛前庇护，生民有祷必应，焚香者甚众，因创造醮盆一座，咸得尊献，经理会首刘宗义，合会施财众姓人等……金火匠人李元吕、李元义、李金富，乾隆叁拾玖年拾月末旬穀旦置。”通过该铭文，我们不但了解到醮盆所属寺院、铸造原因、功德主、工匠和时间等信息，还得知清凉寺有专门的民间结社和“经理会首”，从侧面说明该寺香火旺盛，规模较大。

除了与器物本身紧密相关的信息外，一些铭文还记录了器物所在石窟和寺院的情况。例如佳县普智寺石窟的一口铁钟，圆肩鼓腹，肩部四孔，肩饰卷草纹和荷叶纹，八耳残剩三耳，耳部将饰八卦纹，钟高45、口径45、龙头钮高11厘米。腰部铸有铭文：“普智寺修造，成化十六年二月吉日启建，至十九年七月二十五日工必，园（圆）满吉祥如意……成化十九年七月吉日造。兴县匠吕大通、吕大刚、吕大选、刘能、刘彪。”铭文记载的修建时间长达三年半之久，这显然是铁钟所在的普智寺的修建时间。该铭文有详细的寺院修造时间，还有工匠和功德主的信息，这为我们研究该石窟寺的情况提供了重要信息。

又如佳县观音庙石窟铁钟，铭文记载：“光绪十九年十二月初一日开光。方盛岰重修祈子观音殿敬钟。”该铭文不仅告诉我们铁钟的年代，功德主姓名，我们还从中得知该石窟为“祈子观音殿”。由此可知，该窟主尊是送子观音，方盛岰在光绪十九年（1893年）对该窟进行了一次重修。

总之，佛塔、经幢、钟、磬等石窟附属文物，不仅其本身具有重要的文物价值和艺术价值，而且为研究榆林石窟以及民众宗教信仰提供了重要的实物资料，它们是榆林石窟研究不可缺少的一部分，应当引起足够的重视。

## 1. 红门寺石窟

在横山区塔湾镇西南0.5公里处，北临芦河，石窟开凿在红岩石崖面上。

红门寺石窟的响铃塔为密檐阁式砖石塔，整体呈红褐色，共有11层（图227）。塔体外观呈八边形，内部空心由木棒支撑，第1～3层用石板砌成，第4～11层用红褐色砖垒砌而成，至今保留得较为完整，棱角分明。

图227 红门寺石窟响铃塔

## 2.磁尧沟石窟

在府谷县清水镇海则庙办事处磁尧沟村东南的大沟北侧的断崖处。

在磁尧沟新修的庙宇前，有大量石塔部件，至少分属3个不同的佛塔。从其风格判断，一座为元塔，另外两座为明塔。石窟前2米偏左处，立有用不同时期的佛塔部件重新组装的八棱佛塔，现高4.84米，分为7层，每层均浮雕拱尖形佛龛，佛龛内雕有造像（图228）。

图228 磁尧沟石窟佛塔

## 3.佛殿庙石窟

在横山区赵石畔镇王皮庄村的佛殿沟西侧崖壁上，北距芦河约300米。佛殿庙石窟对面的山脚下，立有一座通高5米的清代石经幢，分为4层。从上而下第1层有一对莲花纹互扣钵以及两个圆形宝顶；第2层庑殿顶之下双线阴刻“紫盖天柱鹫岭祇圆”，其下半球体中部凿一方形牌位，上刻“□□神之位”；第3层庑殿顶之下浮雕折枝莲花，鼓腹上刻有经文，字迹漫漶不清；第4层庑殿顶之下浮雕15个人物，为八仙及福禄寿喜等，其下柱状半球体上刻有功德名录。底座为8面台座，上承仰覆莲（图229）。

图229 佛殿庙石窟石经幢

## 4. 石窑沟石窟

在府谷县哈镇陈家圪堵村。石窑沟石窟第1窟后壁左侧龛内，有清代的高浮雕藏传佛塔，宽110、高155厘米，由4个部分组成。塔刹的伞盖为正圆形，伞盖之上有一个仰月，塔脖子为上细下粗的锥形体，塔肚(窣屠婆）上大下小，须弥座台基共有11层叠涩（图230）。

图230 石窑沟石窟藏传佛塔

## 5.佳县龙泉寺石窟

位于佳县刘国具镇白家下坬村南的石佛堂圪堵西南壁，窟群右上方约100米处，有一座元至治元年（1321年）石经幢。由底座、幢身、幢顶三部分组成。底座为圆形仰莲座，幢身为六边形，幢顶残损严重，形制不明。幢身除了刻录《佛顶尊胜陀罗尼神咒》外，还记录元大德年间主持僧重修并且创建“法堂”“东西廊”“静讲”（应指讲堂）等寺院建筑的经过，以及该寺五代僧人的法名等寺院情况（图231）。

图231　佳县龙泉寺石窟石经幢

## 6.观音寺石窟

在府谷县木瓜镇王家峁村下石崖窑自然村南2公里的娘娘圪垯东侧崖壁上。山门内侧有一口明代万历二十八年（1600年）铁钟（图232）。该钟有桥形蒲牢钮，圆肩，鼓腹，八耳，肩饰四孔，铸有花卉，腹部上侧铸有龙凤，下部铸有八卦，耳饰乳钉。钮高10厘米，钟直径55、高45、厚1～3厘米。铭文记载："石佛堂，发心造中（钟）一口，重一百斤。释子真惠、龙泉寺住持清□，显贵施财，众姓……万历二十八年正月十七日造，保德州匠人陈乾男、男陈求南、陈思南、陈惟南。"

图232 观音寺石窟铁钟

## 7.普智寺石窟

在佳县刘国具镇李治村南普智寺石窟的窟口外，吊挂一口明成化十六年（1480年）铁钟（图233），圆肩鼓腹，肩部四孔，肩饰卷草纹和荷叶纹，八耳残剩三耳，耳部饰八卦。龙头钮高11厘米，钟高45、口径45厘米。腰部铭文记载："普智寺修造，成化十六年二月吉日启建，至十九年七月二十五日工必，园（圆）满吉祥如意……成化十九年七月吉日造。兴县匠吕大通、吕大刚、吕大选、刘能、刘彪。"

图233 普智寺石窟铁钟铭文

## 8.神木清凉寺石窟

在神木市花石崖镇花石崖村南的佛堂山西侧崖壁上。清凉寺石窟所存清代铁醮盆，直筒状，铁锈严重，直径29、高37、厚1厘米（图234）。盆外壁铸有铭文：“大清国陕西榆林府葭州花石崖清凉寺，佛前庇护，生民有祷必应，焚香者甚众，因创造醮盆一座，咸得尊献，经理会首刘宗义，合会施财众姓人等……金火匠人李元吕、李元义、李金富，乾隆叁拾玖年拾月末旬穀旦置。”

图234 神木清凉寺石窟铁醮盆

## 9.高家堡东山石窟

神木市高家堡东山石窟，第4窟的窟口有明代的仿古建石雕。万佛洞第4窟的窟口外，有宽25～27厘米的人字形凿痕和云纹边饰，上部有3个覆莲门簪。窟口外右侧壁面有3方题刻，左侧有2方题刻（图235）。

图235 东山石窟万佛洞第4窟仿古建石雕

万佛洞第4窟的窟前，有一体凿成的仿木结构四柱三开间前廊，4根八棱柱的圆形柱础风化严重（图236）。前廊顶部浮雕十字祥云，右侧风化严重，左侧保存较好。窟口2根八棱柱正（南）面刻有一副对联，边饰水波纹，对联刻有“一片石崖凿就洞房千样巧，机般金壁妆成□像万人钦”，横批“万佛洞”。柱子之上雕有仿木构件阑额、普拍枋、补间铺作和柱头铺作，铺作之间浮雕6幅龙凤图案。

在石窟外壁上部，同样凿成仿木结构的四柱三开间窟檐式建筑。中部为窟口上方的明窗，两侧各浮雕三扇几何纹假窗，窗户下部高浮雕窗台，窗台正面浮雕仿木栏杆和菱形图案，下部右侧可见一排12个柱洞，左侧柱洞被埋压。窗台上左右各凿有一只圆雕狮子，右侧石狮头部残失。明窗上部有仿木构件阑额、普拍枋、补间铺作和柱头铺作，铺作之间浮雕6幅龙凤图案。铺作上部有一排32个柱洞。

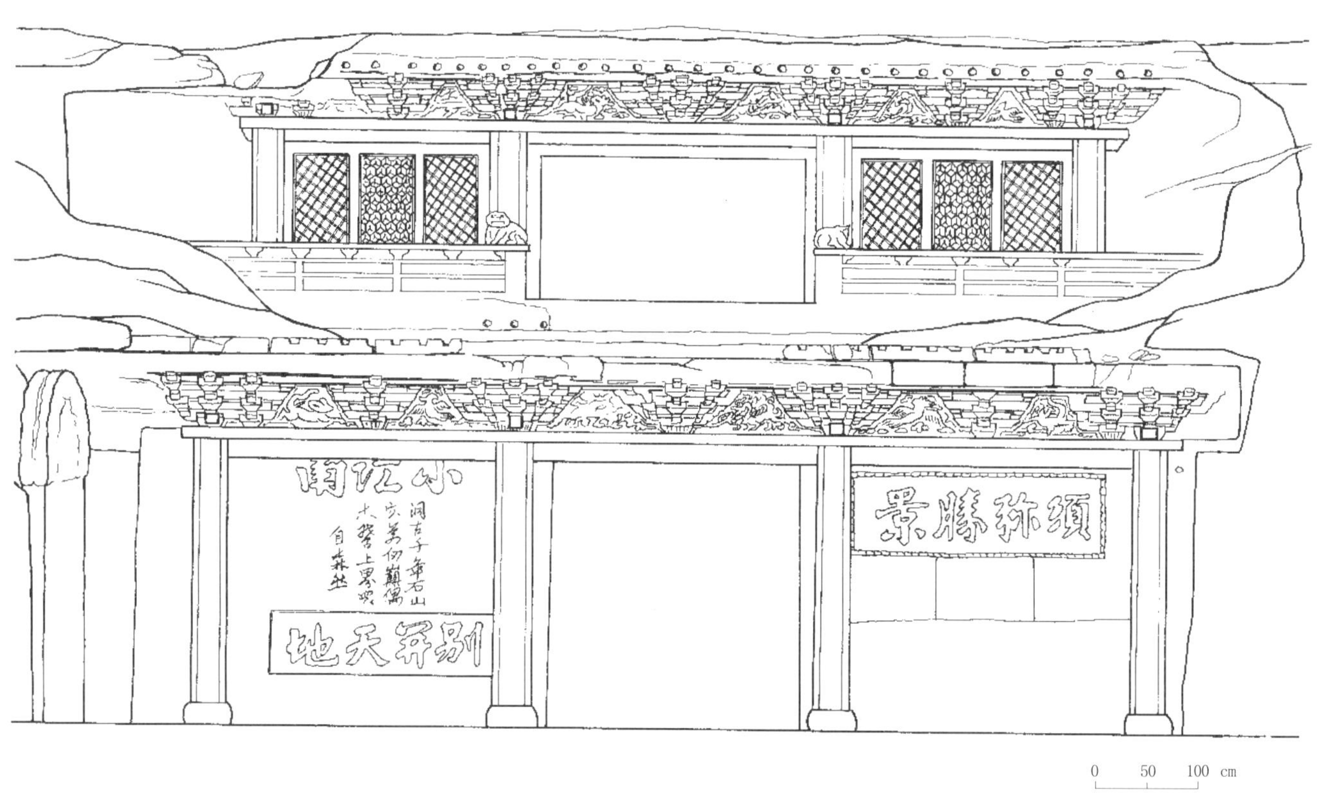


图236 东山石窟万佛洞第4窟仿古建石雕线描图

## 10. 黑家圪垯石窟

在神木市迎宾路街道办事处黑家圪垯村东南的罗汉峁南侧。窟口外有明代的仿古建石雕（图237）。窟口外的左右两侧装饰斜道凿痕，两侧中央各有一方碑刻。窟口外上部有3个双层一斗三升仿木斗拱，斗拱间浮雕莲花。顶部有仿木单面屋顶，高浮雕筒瓦、板瓦，且雕有屋脊。屋脊两侧雕有鸱吻，鸱吻向外雕有龙头，屋脊中部雕有宝珠。

图237　黑家圪垯石窟仿古建石雕

## 11.雄山寺石窟

榆阳区长城路街道办事处北岳庙村西南的红石峡东、西两侧崖壁上。

雄山寺石窟第3窟的窟口外有明代雕饰。门缘刻竹节边饰，上部有边长10厘米的正方形莲花门簪。窟口外两侧浮雕莲花图案，右侧从上向下依次是宝瓶莲花、覆莲、折枝莲花，左侧从上向下依次是折枝莲花、覆莲、宝瓶莲花。窟口外上部有阴刻门匾，为“沅心殿”，风化严重。门匾上有窗口，窗口外两侧有浮雕图案，各浮雕一条龙，小头细身，足踩祥云（图238）。

图238　雄山寺石窟第3窟窟口雕饰线描图

雄山寺石窟第5窟的窟口外有明代雕饰。门缘刻竹节边饰，上部有两个正方形覆莲门簪。窟口外两侧有浮雕边饰，上部右侧浮雕两朵折枝莲花，左侧浮雕龙凤，下部可见规整的人字形凿痕。窟口外上部有一体凿成的门匾，刻有“慈仁殿”，上款“康熙六年中秋吉旦重修”，下款“延绥镇都督韩应琦献”。窟口外上部有窗口，窗口外有竹节边饰和浮雕边饰，两侧各浮雕一条龙（图239）。

图239 雄山寺石窟第5窟窟口雕饰线描图

雄山寺石窟第21窟的窟口外有明代雕饰。门缘刻竹节边饰，上部有两个正方形莲花门簪。窟口外两侧有浮雕边饰，上部浮雕折枝莲花和宝瓶莲花，下部各有一通碑记。窟口外上部有门匾，刻有“观音堂”，下款“成化丁未岁七月吉旦造”。门匾上部凿有窗口，窗口外有竹节边饰和浮雕边饰，上部浮雕龙纹，其下浮雕双覆莲（图240）。

图240　雄山寺石窟第21窟窟口雕饰线描图

雄山寺石窟第22窟的窟口外有明代雕饰。门缘刻竹节边饰，上部有两个正方形门簪。窟口外上部有一门匾，刻有“大雄殿”，下款“成化丁未岁二月吉旦造”。门匾上部有窗口，窗口外浮雕龙纹图案（图241）。

图241 雄山寺石窟第22窟窟口雕饰线描图

## 12.永兴寺石窟

在神木市花石崖高念文村。永兴寺石窟第5窟的窟口外有明代雕饰，为四柱三开间一斗二升麻叶头高浮雕门面，顶部雕有出檐，下为仿木椽结构，风化严重。窟口右侧壁面上部浮雕假门，宽91、高97、外凸10厘米，为紧锁的双扇门，圆形铺首，雕有门锁（图242）。

图242 永兴寺石窟第5窟窟口雕饰

永兴寺石窟第5窟的窟口左侧壁面有明代雕饰。浮雕假门，宽88、高100、外凸9厘米。右门扇紧闭，左门扇半开，且在门内浮雕2个人物，残损严重。门饰圆环铺首，3排乳钉，门上浮雕十字莲花，门外两侧浮雕三角形、竹节、凸棱边饰（图243）。

图243 永兴寺石窟第5窟窟口雕饰

## 13.高家堡东山石窟

在神木市高家堡镇高家堡村东山。东山石窟千佛洞第4窟的后壁有3尊明代的高浮雕造像，近于圆雕（图244、图245）。

中间主尊的头部残失，身体风化残损严重，结跏趺坐于须弥座承托的莲座上。造像胸部有圆形柱洞以及凿痕，后代曾经重塑。造像有高浮雕舟形背光，分为内外3层，左右对称。内层上部有两人立于缠枝莲上，用手托着展翅的迦楼罗，迦楼罗的头上部浮雕1尊佛像；中部浮雕缠枝莲花和二龙，二龙头部伸向两侧，回首张口；下部两侧分别雕刻山羊、狮子戏球和象驮莲花。中层和外侧分别浮雕一圈宝瓶缠枝莲花。

右侧造像结跏趺坐于须弥座承托的莲座上，造像风化残损严重，同样经后代重塑，造像背光与中央主尊背光相似。左侧造像同样经后代重塑，造像上部仅见内部石胎，腹部以下可见石胎外的泥塑，结跏趺坐于须弥座承托的莲座上，造像背光与中央主尊相似。

图244 东山石窟千佛洞第4窟石雕线描图

图245 东山石窟千佛洞第4窟石雕

## 14. 石马川石窟

在府谷县府谷镇石马川村。石马川石窟第3窟后壁中部，现存3幅明代石雕背光，高浮雕拱尖形，其中左右两侧背光风化严重，中部背光上部保存较好，下部风化严重（图246、图247）。中间背光宽165、高210、凸出11厘米，分为内外3层。外层浮雕缠枝莲，每朵莲花上都刻一尊人物立像，顶端者头戴冠，似为菩萨形象，其余均为化生人物。中层浮雕缠枝莲花。内侧顶端浮雕展翅戴冠的迦楼罗，鼓腹，鹰足，两足各抓住一个戴冠人物的腿部，其余部分浮雕莲花。背光下部浮雕成对的动物，风化严重，形象不明。

图246 石马川石窟第3窟石雕背光线描图

图247 石马川石窟第3窟石雕背光

## 15. 金佛寺石窟

在榆阳区大河塔镇刘岔村。金佛寺石窟第4窟后壁坛基的正面，有明代高浮雕石供桌，桌腿之间目前彩绘二龙戏珠。供桌的壸门内浮雕3层图案，上层内容为4幅折枝莲花；中层有5幅浮雕，从右向左依次是麒麟、龙、犀牛望月和喜鹊观日、龙、麒麟；下层内容为4幅折枝花卉（图248）。

图248 金佛寺石窟第4窟石供桌

## 16. 虎头峁石窟

在神木市高家堡镇乔岔滩办事处凉水井村东南的虎头峁山西侧、南侧的崖壁上，西临秃尾河。虎头峁石窟第1窟后壁的坛基前，有明代高浮雕供桌，供桌正面有2排浮雕。上排浮雕共12幅，从右向左依次是狮子戏球、水瓶和水杯、折枝覆莲、折枝莲花、双层覆莲、腾龙、腾龙、双层覆莲、折枝莲花、折枝覆莲、水瓶和水杯、狮子戏球；下排浮雕共13幅，从右向左依次是兔衔祥草、折枝莲花、犀牛望月、天马、折枝莲花、双层覆莲门环、折枝牡丹、双层覆莲门环、折枝莲花、天马、犀牛望月、折枝莲花、兔衔祥草（图249）。

图249 虎头峁石窟第1窟石供桌

## 17.神木东山石窟

在神木市城区东山西侧、南侧崖壁上。东山石窟的龙凤洞石窟第2窟后壁的坛基正面，有明代的3个供桌浮雕。中间的石供桌正面浮雕2排图案，其中上排浮雕3幅覆莲；下排浮雕4幅图案，中间两幅为折枝莲花，左右两幅是童子抱莲（图250）。

图250 东山石窟龙凤洞第2窟石供桌

## 18.石瓦寺石窟

在榆阳区大河塔镇安崖办事处石瓦寺村的石瓦寺沟北侧石崖处。石瓦寺石窟第1窟的坛基中部，有一个与坛基一体凿成的明代石供桌，供桌的壶门内浮雕图案，分为左、中、右三个部分。左右两部分对称，分别雕有两组图案，上部为正视莲花和侧视莲花组合，下部为开窗缠枝莲花，上下以突棱间隔。中部又分为上下两层，其中上层浮雕两幅带叶莲花，下层以突棱间隔成左中右3幅，从右向左依次为折枝莲花、宝瓶莲花、折枝莲花（图251）。

图251　石瓦寺石窟第1窟石供桌

## 19. 子洲龙泉寺石窟

在子洲县苗家坪镇石窑畔村。龙泉寺石窟第1窟后壁坛基的正面中间，有明代高浮雕供桌。石供桌上雕刻垂下的桌布，中间浅浮雕凤纹，凤的左右两侧分别浮雕“福”字和“寿”字。壶门内高浮雕二龙戏珠，龙下方雕刻江崖海水纹，水波纹上浮雕鹭鸶捕鱼图（图252）。

图252 子洲龙泉寺石窟第1窟石供桌

## 20.楼家坪石窟

在佳县乌镇楼家坪村的寺合峁东崖壁上。石窟内有一长方体石雕残件，三面高浮雕菩萨造像，砂岩质，造像风化较严重，细节不甚清楚，时代应为隋唐时期。该残件每面均高浮雕两尊立姿菩萨，为隋唐时期风格，菩萨均为高发髻，裸上身，下身着长裙，右小臂上曲至肩，左臂自然下垂。左手或提净瓶，或执帔帛一端，或空手下垂（图253）。

图253　楼家坪石窟石雕残件

# 第八章　石窟历代题刻与书法

榆林地区保存了大量与石窟有关的摩崖题刻，这些摩崖题刻同样以明清最为兴盛，明代以前所存极少。就内容而言，主要有题诗、题咏、记功、纪游等。这些摩崖题刻既包含了丰富的历史信息，不少还是优秀的诗歌，具有文学价值。另外，这些题刻本身也是精美的书法艺术品。

在榆林，最有名的摩崖题刻是红石峡摩崖题刻，即雄山寺石窟的摩崖题刻。明清时期，来到榆林的文武官员、儒士墨客大多游览过红石峡，且有不少人在此开窟造像、赋诗题字。红石峡的东西石壁上，洞窟、摩崖石刻相连，题词、题字、碑碣等各类摩崖题刻有160多处，部分在“文化大革命”时期遭到破坏，现存120余处。字大者约6米，字小者寸许，篆、隶、楷、行、草齐全，颇为壮观，是一处天然碑林。

从雄山寺石窟的摩崖题刻内容看，有感慨历史悠久、赞叹景色优美的，如“禹迹摩崖”“中华天柱”“天外奇峰”“瀚海蓬莱”“天开图画”“天成雄秀”；也有形容其军事地位之险要的，如“大漠金汤”“长天铁垛”“天边锁钥”“雄镇三秦”“榆关雄峙”“威震九边”等；还有宣传国家统一、民族团结的，如“中外一统”“蒙汉一家”等。从书法艺术来看，诸家书法并存，真、草、隶、篆俱全，笔力雄健，气魄宏大，其中清代左宗棠的“榆溪胜地”、吴大澂的“横云”、陈璋的“三山拱翠”等，都是红石峡书法瑰宝中的明珠。

值得一提的还有神木清凉寺石窟摩崖题刻，该石窟由4窟2龛组成，在第4窟左侧崖壁上有一组摩崖题刻，共5方，由4方题刻和1方蛇形浮雕组成。其中上部两方是明嘉靖十六年（1537年）前后题刻的两首七言律诗，均为游人所作，僧人道悟、兴定等刻石。下部两方题刻均为金代作品，一方为女真文，另一方为汉文。

女真文字的碑刻资料传世甚稀，1949年以前发现的只有《女真进士题名碑》（现存开封博物馆）、《大金得胜陀颂碑》（现存吉林省松原市）、《庆源寺碑》（现存韩国）、《永宁寺碑》（现存俄国）、《杨树林摩崖》（现存吉林省梅河口市）、《奥屯良弼饯饮碑》（现存中国国家博物馆）。1949年以后发现的只有两件，即《奥屯良弼题诗》（一首七言绝句诗，现存山东省烟台市蓬莱区）以及《昭勇大将军墓碑》（现存吉林省文物考古研究所）。

神木清凉寺石窟的女真字摩崖题刻，前部保存较好，后部脱落残损严重，现存25行，200余字。其中有不少字和单词不见于明代人所编女真字词典《女真译语》，其价值不言而喻。清凉寺石窟的另一方摩崖题刻为金正大五年（1228年）汉文题刻，共39行，622个字，由阿里□怀远的叙事题刻和4首题诗组成。前半部分讲述阿里□怀远赴弥川寨就任之后，看到这里因蒙军南侵而“人物凋残，公廨全无”，他为了防止蒙军再次入侵，带领弥川寨官民在花石崖增建崖窑，躲避战乱。四首题诗或是描写弥川寨一带的荒凉，或是赞美崖窑的险峻，或是表达对家乡的思念，或是谈到官场失意，以抒发个人情感为主。清凉寺石窟还有一方蛇形浮雕。图案中央是一条浅浮雕的盘蛇，蛇身粗壮，盘卷，尾上翘，昂首吐信，蛇头上方有华盖。图案下部已风化剥落，浮雕右侧竖排题刻的“将符……”应同样为金代作品，表现的或是佛教降服毒龙的故事。

## 1.玉泉寺石窟

在佳县刘国具镇闫家寺村南。玉泉寺石窟第1窟上部的题刻，写于隋大业五年（609年），宽233、高177厘米。阴刻魏碑体，部分文字漫漶不清，录文如下（图254、图255）：

图254 玉泉寺石窟第1窟外题刻

图255 玉泉寺石窟第1窟外题刻局部

## 2.神木清凉寺石窟

在神木市花石崖镇花石崖村南的佛堂山西侧崖壁上。清凉寺石窟由4窟2龛组成，在第4窟左侧崖壁上有一组摩崖题刻，共5方。其中上部2方是明嘉靖十六年（1537年）前后题刻的两首七言律诗，均为游人所作，僧人道悟、兴定等刻石；下面中间1方刻女真文字，为金代作品；下面右侧1方为汉文题刻，年款是金正大五年（1228年）；下面左侧1方是蛇形图案，上有2个女真文字。

金代女真文字题刻为横长方形，长137、宽55厘米。题刻剥落严重，大部分字迹无存，目前保留完整的女真文字约25行，有178个字，另有残字43个。女真文字为阴刻，略似汉字行楷书体。竖行排列，每行字数不等，字迹大小不一，小者约1.5平方厘米，大者约2.9平方厘米，凿深约1～2毫米，字体清晰（图256）。

图256 神木清凉寺石窟第4窟外女真文字题刻

金正大五年（1228年）题记为横长方形，宽119、高49厘米。汉文题刻，共39行，622个字。录文如下（图257）：

图257 神木清凉寺石窟金正大五年（1228年）题刻

仆生居全州路。永祖乃/圣朝开国袭封，复入仕二纪，游山东，历河北燕齐赵/魏之间。后至北贼内寇，侵凌/帝阙，随銮南迁之汴。自兴定中数授斯职，/未及趋装，葭芦已陷。至正大改元，闻恢复绥葭旧地，后/方之在境内。人物凋残，公廨全无，以至岩居穴处。观颓/墉废井，瓦砾之场，触目荒芜，不胜销黯。所幸者民淳/事简，终日静对云山，胜于劳生矣。复思：边者国之藩/篱，藩篱所以御狼虎，不以狼虎遁而废藩篱。寨南有/崖窑一处，自北贼寇中原，邻近居民据险，屡经贼犯，/得以保全，昨因葭芦城陷，人民误受贼诱，致以失利。今/虽恢复，狼烟未息，部民若罹蛇象，以何御之？乃语/众曰：要塞未修，城险未设，然有城无守矣。且池/广城坚，则愚夫蠢妇足以守御。此崖窑固峻，/薪水易给，可谓不失其险也。众咸喜诺。于是虑/材鸠佣，谋画缮完，增之石洞云栈，真可雌持其，/群雄漠能措其手，比况者，人语贼伪，志益铁石/之坚；崖增峻壮，势胜金墉之固。纵使客气十百倍，/吾可安然坐视耳。乱成俚语，以记其事。/旹正大五年三月十一日，河东路第二将。金/将兼知弥川寨事阿里□怀远题。/乘骖出宰寄弥川，极目荒芜古垒边。漠漠塞云/笼淡日，萋萋衰草叹霜天。漂萍客梦三千里，游/宦羁愁二十年。黄耳不来家信杳，销魂慵染五/云笺。又：/字民弥勒古边城，寂寞谁怜冷宦情。捊皷柴篱/呼典掾，鸣琴土穴列衙兵。终朝幸对烽烟静，深/夜全无犬吠警。煮茗邀僧消白画，清闲一味胜/劳生。题崖窑：/萦纡一迳接云空，壮观山河百二雄。坐笑瞿溏/沉铁锁，何须函谷用泥封？单雌守阨当千士，一/卒持戈却万戎。对敌安然谁可料，下鱼他日论/奇功。又：/龙争虎战力疲穷，万井生涯若转蓬。白屋有丁/皆戍役，黄堂无士得安躬。飘零宦梗情何苦，摇/曳归心意更忡。屈指爪期辰似岁，潜居岩穴/继黄公。/石匠王利刊，贫乐散人齐松龄书，/司吏刘晖，公使人任俊。

## 3.雄山寺石窟

雄山寺石窟摩崖石刻又名“红石峡摩崖题刻”，在榆阳区榆阳镇北岳庙村。红石峡的东西石壁上，洞窟与摩崖石刻相连，题词、题字、碑碣等各类题刻有160多处，部分在“文化大革命”时期遭到破坏，现存120余处。多为明清以来官吏儒士文人所题，内容有题诗、记功、纪游、题咏等（图258）。

明嘉靖十六年（1537年）十月，延绥镇兵备副使张珩在东石崖刻下出击鞑靼获胜、“诸将振赈凯旋大会于红石峡”的战功。嘉靖二十六年（1547年），三边总督曾铣题刻《山墩望月》诗。明万历年间，在西崖上出现了巨幅大字题刻（图259）。例如，明万历九年（1581年）巡抚王汝梅题刻“龙蟠虎踞”，长9.2、宽4.15米；明万历十四年（1586）兵备副使李春光题刻“万里长城”，长1.6、宽4.15米；明万历二十七年（1599年）巡抚陈性学题刻“雄石封关”，长11.3、宽3.9米；明万历四十四年（1616年）巡抚刘敏宽题刻“华夷天堑”，长14.5、宽4.4米。

图258　雄山寺石窟东崖题刻

图259　雄山寺石窟西崖题刻

从雄山寺石窟的摩崖题刻内容看，有感慨历史悠久、赞叹景色优美的，如“禹迹摩崖”“中华天柱”“天外奇峰”“瀚海蓬莱”“天开图画”“天成雄秀”；也有形容其军事地位之险要的，如“大漠金汤”“长天铁垛”“天边锁钥”“雄镇三秦”“榆关雄峙”“威震九边”等；还有宣传国家统一、民族团结的，如“中外一统”“蒙汉一家”等（图260～图262）。

从书法艺术来看，诸家书法并存，真、草、隶、篆俱全，笔力雄健，气魄宏大，其中清代左宗棠的“榆溪胜地”、吴大澂的“横云”、陈璋的“三山拱翠”等，都是红石峡书法瑰宝中的明珠。

图260 雄山寺石窟东崖题刻局部

图261　雄山寺石窟东崖题刻局部

图262 雄山寺石窟西崖题刻局部

## 4.高家堡东山石窟

位于神木市高家堡镇东山的万佛洞石窟，在万佛洞第4窟外的左右两侧崖壁上有一些题刻（图263）。

“小江南”题刻位于万佛洞石窟第4窟外右侧崖壁，宽185、高80厘米。阴刻行书“小江南”，落款“虎口赵世”。

“洞古千年”题刻位于万佛洞石窟第4窟外右侧崖壁，宽130、高73厘米。阴刻行书“洞古千年石山/高万仞巅偶/□□上界/众□自森然/□□”，款题“广州郭璜刻石”，落款漫漶不清。

“别开天地”题刻位于万佛洞石窟第4窟外右侧崖壁，宽214、高70厘米。阴刻行书“别开天地”，款题“榆阳□□”。

图263 高家堡东山石窟万佛洞第4窟外题刻

“须弥胜景”题刻位于万佛洞石窟第4窟外左侧崖壁，宽245、高84厘米。边饰莲瓣纹，阴刻行书“须弥胜景”，落款“榆阳王兴题并书”（图264）。

图264　高家堡东山石窟万佛洞第4窟外题刻

### 5. 窑湾石窟

在神木市迎宾路街道大柏堡村窑湾自然村北的窨子石畔南侧的断崖上。窑湾石窟第1窟的右壁中部有题刻，阴刻草书，字体刚劲飘逸（图265）。

图265 窑湾石窟第1窟题刻

## 6.红柳滩石窟

在榆阳区镇川镇红柳滩村。“品泉”题刻位于残窟南侧的崖壁，宽150、高75厘米（图266）。减地阴刻正文“品泉”，落款“粤东谢家裕题”。款题清“乾隆戊申秋日”，即乾隆五十三年（1788年）。

图266 红柳滩石窟“品泉”题刻

## 7.神木东山石窟

在神木市城区东山西、南侧崖壁上。“骑青牛去”题刻位于龙凤洞第2窟口外右侧崖壁，宽56、高193厘米。阴刻行草“骑青牛去”，款题清“同治元年壬戌小春河冻”（1862年），落款“辛酉科拔贡蒋堉升旹□吉日立”（图267）。

图267　神木东山石窟龙凤洞第2窟题刻

## 8.米脂万佛洞石窟

在米脂县城北8公里的无定河右岸悬崖。“神应”题刻位于万佛洞石窟碑龛的左壁。减地阴刻行书“神应”，款题“大清同治甲戌弟子文生杜良模敬叩”，落款“叶兰敬书”。此为清同治十三年（1874年）题刻（图268）。

图268　米脂万佛洞石窟碑龛左壁“神应”题刻

## 9. 滴翠山石窟

滴翠山石窟又名“叠翠山石窟”，在神木市高家堡镇高家堡村南的滴翠山西侧、南侧崖壁上。“石麟果降”题刻位于第3窟外左侧崖壁，宽115、高42厘米。阴刻行楷“石麟果降”，款题清“光绪二十九年桃月穀旦”（1903年），落款“胜州师澍霖立”（图269）。

图269 滴翠山石窟第3窟外“石麟果降”题刻

七律七绝题刻位于滴翠山石窟第3窟外左侧崖壁，作于民国九年（1920年）。边饰竹节纹，宽89、高57厘米。阴刻楷书，字迹秀美，刻七律一首，七绝三首。录文如下（图270）：

七言□律一首：/纵步峰腰百尺楼，河山秀丽足清/幽。日临古刹朝霞映，云锁深岩挽/翠浮。福地洞天资赏识，层台飞阁/任遨游。伊谁结伴来偕隐，涤荡尘/襟百不忧。榆阳杭锡龄题。/七绝一首：/叠翠峰峦最秀灵，悬崖峭壁耸孤/亭，此山绝似飞来石，留与东南作/画屏。/感时七绝一首：/南方内斗北庭讧，法律无灵事实/空。谁是擎天伸只手，和平统一奏/丰功。/弥川刘培英题。/录竹坡杭五先生春日七绝/一首：/群芳乐事又逢春，陌上青青柳色/新。最恼黄莺啼不住，声声叫觉断/肠人。/郝子俊书，/高生明刻，/民国九年仲夏立。

图270 滴翠山石窟第3窟外七律七绝题刻

## 10. 喇嘛庙石窟

在神木市孙家岔镇乔家塔村猴头窨自然村的油坊湾南壁上。喇嘛庙石窟第9窟的窗外左侧崖壁，残存8方藏文题刻，总宽900、高200厘米（图271）。

不动佛真言 1 方：

ན་མོ་རཏྣ་ཏྲ་ཡཱ་□·ཨོཾ་ཀ་ཀ་ནི་ཀ་ཀ་ནི་རོ་ཙ་ནི་རོ་ཙ་ནི་ཏྲོ་ཊ་ནི་ཏྲོ་ཊ་ནི་ཏྲཱ་ས་ནི་ཏྲཱ་ས་ནི་པྲ་ཏི་ཧ་ན་པྲ་ཏི།།ཧ་ན་སརྦ་ཀརྨ་པ་རཾ་པ་ར་ནི་མེ་སརྦ་སཏྭ་ནཱཉྩ་སྭཱཧཱ

（纳莫冉纳扎（答日）雅阿雅嗡冈嘎尼冈嘎尼若匝尼若匝尼卓（答若）乍尼卓乍尼扎（答日）

萨尼扎萨尼札（巴日）堤哈纳札堤哈纳萨日瓦嘎日玛巴让巴惹呢迈萨日瓦萨埵楠娑哈）

文殊菩萨无字真言 1 方：

ཨོཾ་ཨཱ་ར་པཱ་ཙ་ནཱ་དྷཱིཿ

oṃā rā pā ca nā dhih（嗡阿阿惹阿巴阿匝纳阿谛伊）

如意轮咒 1 方：

ཨོཾ་པདྨོ་□□□□·ཧཱུྃ་ཕཊ

om padmo ... hum phat（嗡叭摩……吽呸）

毗卢佛种子字 2 方：

ཨོཾoṃ （嗡）

藏文六字真言 3 方：

ཨོཾ་མ་ཎི་པདྨེ་ཧཱུྃ

oṃ maṇi pad me hūṃ（嗡嘛呢叭咪吽）

图271 喇嘛庙石窟第9窟外藏文题刻

## 11. 王乐沟石窟

在神木市孙家岔镇王洛沟村西的王洛沟北侧的凹湾内，第二次全国文物普查时，普查队员登记为“王乐沟石窟”，并沿用至今。在王乐沟石窟发现了用蒙古文和藏文书写的朱墨题词。其中，蒙古文意为“愿万佛护佑愿大地保佑”（图272），藏文内容是狮面空行母心咒（图273）。

狮面空行母心咒：

□□◌ཿདཿརཿསཿམ□□

ḥ daḥ raḥ saḥ ma（搭惹萨嘛）

□□◌ཿརཿཙཿཤཿདཿརཿསཿམཿརཿ□□

ḥ raḥ caḥ shaḥ daḥ raḥ saḥ ma（惹匝达搭惹萨嘛惹）

ཙཞདརསམརཡཔ□□

སམརཙཞདརསམ□□

图272 王乐沟石窟蒙古文朱墨题词

图273 王乐沟石窟藏文朱墨题词

## 12.石窑沟石窟

在府谷县哈镇陈家圪堵村石窑沟自然村西2公里处的悬崖上。第7窟的窟口外右侧有清代的梵文六字真言题刻，字体较大，减地阳文，宽178、高59厘米（图274）。用兰札体书写：oṃ ma ṇi pad me hūṃ（嗡嘛呢叭咪吽）

图274 石窑沟石窟梵文六字真言题刻